企业操盘手

贾长松 / 著

图书在版编目（CIP）数据

企业操盘手 / 贾长松著 .—北京：北京联合出版公司，2013.11（2024.9 重印）

ISBN 978-7-5502-2012-6

Ⅰ. ①企… Ⅱ. ①贾… Ⅲ. ①企业管理 Ⅳ. ① F270

中国版本图书馆 CIP 数据核字（2013）第 233167 号

企业操盘手

作　　者：贾长松
出 品 人：赵红仕
选题策划：北京时代光华图书有限公司
责任编辑：王　巍
特约编辑：李艳玲
封面设计：可圈可点
版式设计：曾　放
责任校对：高志红

北京联合出版公司出版
（北京市西城区德外大街 83 号楼 9 层　100088）
北京时代光华图书有限公司发行
北京雁林吉兆印刷有限公司印制　新华书店经销
字数 197 千字　787 毫米 ×1092 毫米　1/16　15.75 印张
2013 年 11 月第 1 版　　2024 年 9 月第 14 次印刷
ISBN 978-7-5502-2012-6
定价：69.00 元

Contents 目录

自序 一切为了解放老板

非常感谢几万家企业选择长松咨询集团，并与我们深入合作。合作期间我们和所服务的企业发生了许多美好的、值得回忆的故事，这些故事无时无刻不在激励我们要更加努力，更好地为企业服务。

长松咨询集团主要致力于中国民营企业的管理系统建设，提供更多的有利于企业经营与发展的实用信息。《企业操盘手》这本书集聚了长松咨询集团在过去几年中关于如何打造及训练企业操盘手的知识精华，非常清晰地记录了一个企业操盘手如何操盘企业的详细工作内容。

企业操盘手是指可以为企业赚钱的两类人：一类是定战略的人，另一类是执行战略的人。所以，企业操盘手是企业的老板，同时也包括企业的高级管理人员。

企业操盘手主要管理哪些内容？主要管的是企业的钱、人、物。在本书中，我们将围绕这些内容进行详细讲解。

首先，我们来讲一下人，讲到人时，就会讲到企业定位。

有天晚上，我去了一家我的学员开的烩面馆。我在那儿吃了碗烩面，并问了老板一个问题：“烩面的做法是什么？”他就给我讲了烩面包含几大种类，他家的做法属于老汤烩面，其他的烩面做法不是他家的强项，等等。

我想跟大家说的是，一个企业的负责人如果能在十秒之内把企业定位表达得非常清楚，顾客就会第一时间选择这家企业。

其次，我们讲企业规划。80% 的民营企业家有一个非常重要的特征就是跑得太快。我在这里告诉大家一个非常重要的理念："我们这一辈子做好一件事就可以了，甚至做好一件事的一部分就可以了。"

河北省一家珠宝企业的老板，在跟着我们去参观新加坡南洋理工大学时提出了很多发展的想法。我对这个老板说："你的想法有问题。"他说："有什么问题？"我说："你是做珠宝销售的，现在还准备做房产，做珠宝加工，搞了一堆产业链，能做好吗？珠宝这个行业讲究的是百年老店，珠宝本身是很挣钱的，你现在先别想那么多，先做一个规划，把珠宝产业按三个阶段做好就行了。你自己完成第一阶段，你的孩子或者你的继承人完成第二阶段，然后再找一个人完成第三阶段，那你就会非常成功、非常快乐，否则什么都做你要累死了。"

很多企业家都在搞贸易投资。有一个学员不但搞贸易，还跟几个人合伙开了个投资公司，准备笑傲江湖。我问他："你懂投资吗？你知道什么叫 PE（私募股权融资）吗？你知道什么叫 IHR（人力资源管理系统）吗？你知道什么叫 VC（风险投资）吗？" 他不做声了。

所以，诸如这种在什么都不懂的情况下做的一些事，哪里是在做企业？这纯属瞎挣钱。这种玩法是不行的。所以，做好规划非常重要，做好企业规划，掌握住节奏很重要。

另外，有的企业发展得太慢。对企业未来的发展来讲，科技实力将是支撑一个企业发展的重要力量，但科技需要十年以上的研发和投入，如果你只守住旧业，那也不行。所以在本书中，我们会更多地来谈企业规划，你会发现，原来企业规划是有工具的，是可以通过一个表单展示出来的。

第三，我们讲企业产品。很多企业家都有一个非常有问题的想法：只要销售做得好，企业就一定可以赚钱；只要掌握了客户，销售就一定可以做得很好。这只能是小企业的想法。小企业在前期生存阶段，在没有充足资金的情况下，这样做是可以的。但是作为世界500强企业，这样做是最容易出大问题的，也没有哪一家有这样想法的企业可以做成世界500强。

在本书中，我们会从营销学、分类学、客户学，以及设计学的角度来谈产品的设计。我们所说的设计，是指产品在定价上，是前端还是后端；在销售上，是先卖还是后卖；在流程上，怎样才可以卖出去的一些具体的、附带工具的方法。

第四，企业目标，我们讲如何让每个人都有目标。比如我一年会讲八期“企业操盘手”课程、七期“组织系统班”、三期“企业战略班”。我们公司99%的管理工作都是由三个操盘手负责的，他们也有目标。其中，一个主要管我们企业的研发，我们有一个新产品叫数据化管理集成体系，就是由他来做的。我们公司整体运营是COO负责的，即首席运营官，也叫行政副总裁。我们公司营销是由一个小女孩负责的，她来帮我做营销。我基本上是不管事的，我一个人退下来，就会有一千个人往上走。如果我死钉在那个位置上，他们就动不了。他们动不了，就会出去创业，就会离开公司，这样问题就会很大。

第五，企业薪酬。我们会分别介绍七八种薪酬方式，这些方式都很重要。在培训的过程中，我们经常遇到这种情况，很多公司都是在学这些薪酬方式的时候非常激动，回去以后却没有胆量改革。

第六，本书还会涉及企业PK，也就是企业竞争PK。如何让员工像狼一样往前冲，这是需要艺术的。

这本书中，用于企业进行实际操作的部分占了50%，但没有一条是我自己独创的。我之所以要出版这本书，第一是因为我做过多年咨询，第二是因为我每年都在参观很多优秀的企业，第三是我们服务过很多客户。本书的大部分内容都是从民营企业里总结出来，再用系统的方式串成的。所以，这些知识是属于社会的，不是属于我个人的，我只是一个知识的传播者。

01

第一章　操盘手挂帅，打造企业实力

一、什么是企业操盘手

通常，将对一个组织、企业、国家的运作，定义为操盘。能够为企业制定战略与执行战略的人，他必须具备能够制定战略、搭班子、带队伍，以及经营公司的能力，并在公司中拥有一定的权力，能够适时实现企业目标。这样的人，我们称之为合格的企业操盘手。

❶ 既定战略，又执行战略

企业操盘手就是可以为企业赚钱的两类人：定战略的人，执行战略的人。所以企业的操盘手一定是企业的老板，以及在老板领导下的高级管理人员。

操盘手要操盘一个企业，对其能力的要求也是综合的，具体的能力要求至少要包括以下几点：

- 懂行业，能够规划制定出真正可以帮助客户的、满足市场需要的产品。
- 对特殊客户，能够做出特殊的服务和流程。
- 能够进行干部复制和关键人才培养。

- 遵守企业机制，建立利益共同体。
- 能够掌控并设计营销标准化流程。
- 能够随着企业环境的变化，不断重新定位企业，重新定位人才。
- 熟悉企业财务管理和风险管理。
- 会塑造企业品牌和企业文化。
- 懂得信息化管理。
- 有可持续发展能力。

企业操盘手作为企业发展的中坚力量与中流砥柱，是企业战略定位、执行系统导入的支持者与实施者。只有拥有战无不胜的系统化高管团队，才会有高效的企业团队，才会有常胜企业。

❷ 既可是一个人，也可是一个团队

企业核心高管团队由六个“O”组成——CEO、COO、CSO、CTO、CFO、CHO（见图 1）。 这些人都是企业的操盘手。

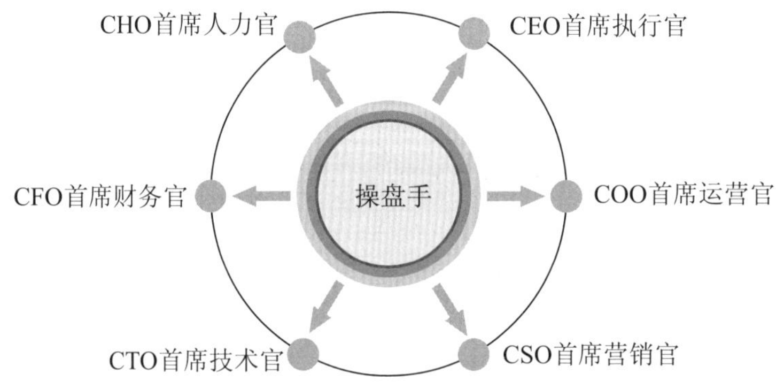

图 1 企业的核心高管团队

CEO——首席执行官

负责企业战略的规划、执行等职责。

（1）完成公司业绩指标（战略性业绩指标），负责制定企业战略和目标并做出决策、制定预算、组织合作伙伴，当然，还要聘用一支高水平的管理队伍来带领全公司向着既定的战略目标前进。

（2）负责公司管理系统建设，创立企业系统。任何工作都要通过人去完成，而人又深受系统的影响。一个好的系统能够吸引也能留住最好的人才。企业系统的构筑可以通过许多方法、途径，但 CEO 要定主基调。

（3）负责其他五“O”及关键人才培养，要负责雇用、解聘和领导高层管理团队，然后由他们雇用、解聘和领导各岗位的员工。CEO 必须有权雇用人才和解雇执行不力的执行者，必须能够解决高层管理团队成员之间的分歧，并使他们为了共同的目标同心协力。CEO 通过传达企业将要实现的战略思想来确立工作的方向，战略思想组成了工作目标。这样才能目标明确，使整个团队凝聚在一起，从而圆满地实现组织目标。

（4）负责战略市场及战略性产品的经营，负责做出公司内部预算，拨款给能够支持战略发展的项目，同时也将赔钱的或对公司战略发展不利的项目撤下来。要细心考虑公司的主要开支，如果公司不能让投资者的钱增值，就应该决定将钱返还给投资者。有些 CEO 不认为自己是财务人员，但是最终，决定公司财政命运的重大决策是由他们做出的。

COO——首席运营官

负责企业内部各项正常运作的管理。

COO 要全面负责公司的市场运作和管理；参与公司整体策划，健全公司各项制度，完善公司运营管理；推动公司销售业务，推广公司产品，组织完成公司整体业务计划；建立公司内部信息系统，推进公司财务、行政、人力资源的管理；负责协调各部门工作，建立有效的团队协作机制；维持并开拓各方面的外部关系；管理并激励所属部门的工作绩效。

（1）对公司的生产经营有计划权、建议权、否决权、调度权。

（2）对下属各职能部门完成任务的情况有考核权。

（3）对下属各职能部门经理的工作有指导权和考核权。

（4）对总经理决策有建议权。

CSO——首席营销官

负责企业营销战略规划与目标实施达成。

建立科学的销售战略，确保市场营销帮助企业经营战略实施；制订整体营销计划，并时时肩负监督、控制的重任；密切关注市场变化，并适时调整竞争策略和营销通路；负责组建高效的营销团队，并激励团队主动开拓市场；严格控制营销成本，促进营销利润最大化。

CTO——首席技术官

负责企业产品战略规划、研发与标准化建设。

参与制定公司发展战略、年度经营计划和预算方案；组织研究行业最新产品的技术发展方向，主持制定技术发展战略规划；管理公司的整体核心技术，组织制定和实施重大技术决策和技术方案；及时了解和监督技术发展战略规划的执行情况；主持新产品项目所需的设备选型、试制、改进以及生产线布局等工作。

研究决策公司技术发展路线，规划公司产品；指导、审核项目总体技术方案，对各项目进行质量评估；与用户进行技术交流，了解用户在技术与业务上的发展要求，并解答其提出的与产品技术相关的问题；对潜在或具体的项目、用户进行跟踪，管理所在区域内的用户拜访、技术交流、方案制作及合同谈判；制订技术人员的培训计划，并组织安排公司其他相关人员的技术培训。

CFO——首席财务官

负责企业钱、税、账等财务安全与利益平衡的管理。

CFO 负责制定、建议和实施全面的财务战略，为公司的经营战略提供支持，为股东创造最大价值：提出机遇价值创造的资本和红利政策建议；设计并管理向投资者和金融界阐述公司计划要点和经营状况的策略；洽谈并履行所有重大金融交易，包括借贷、股票发行、股票回购。

CFO 应制定并执行一定的程序，以确保公司管理者取得正确信息，用以确定目标、做出决策、监督经营；确定每个业务单元的主要绩效标准；确保业务单元有充分的管理控制权；与首席执行官和部门主管一起评估业务单元的绩效。

CFO 应确保对公司财务业务进行有效的管理：确保所有对外报告的完成和对外义务的履行；建立控制制度，确保公司财产的安全；确保现金管理、应收款管理和应付款管理的完整和高效率；履行所有的报税和纳税义务；寻求降低公司税务负担的机遇。

CHO——首席人力资源总监

负责企业人力资源管理的各项工作。

CHO 是企业的首席人力资源总监，需要从战略高度努力构建高效实用的人力资源管理系统，成功进行人才选拔，建立科学的考核与激励机制，最大限度地激发人才潜能，创建优秀团队，塑造卓越的企业文化，推动组织变革与创新，最终实现组织的持续发展。

主要工作包括：制定公司人力资源的战略规划，并监督执行。负责建立畅通的沟通渠道和有效的激励机制，全面负责人力资源部门的工作。参与公司重大人事决策。定期组织收集有关人事、招聘、培训、考核、薪酬等方面的信息，为公司重大人事决策提供信息支持。定期组织收集员工想法和建议。

督促公司人力资源战略的执行，根据公司的情况，组织制定公司招聘制度、培训制度、薪酬考核制度、人事档案管理制度、员工手册等规章制度、实施细则和工作程序，并组织实施。负责工作分析、岗位说明书与定岗定编工作，提出机构设置和岗位职责设计方案，对公司组织结构设计提出改进方案。

负责建立畅通的沟通渠道和有效的激励机制，负责建立公司、子公司内部畅通的沟通渠道，及时了解员工意见和想法。积极听取和采纳员工合理化建议，并反馈给相关部门。受理员工投诉，调查后落实相关部门解决。负责建立有效的激励机制，充分发挥员工的积极性和创造性。

全面负责人力资源部门的工作，组织制订公司年度人力资源需求计划。组织人员招聘过程，通过多种渠道为公司寻求合适的人才。组织制订公司培训计划，组织人员参加培训，评估培训效果。负责组织公司员工的考核，处理员工针对考核结果的申诉。依据公司工资总额，编制公司年度薪资调整方案，审核公司员工每月的薪酬。负责处理各种与劳动合同相关的事宜。

内部组织管理，负责将部门工作计划分解到个人，并监督计划完成情况。评价考核下属员工工作完成状况。控制部门预算的使用情况。

二、企业操盘手管什么

企业的主要管理包含钱、人、物，所以，企业操盘手主要管的也就是钱、人、物。

❶ 企业操盘手应做的十件事

企业操盘手，是制定企业战略并实施的人。作为合格的企业操盘手，需要做十件事。

第一，确定商业模式。

什么叫商业模式，通俗点讲就是刚开始自己干，接下来建系统，然后和别人合作，最后让别人去干。好的商业模式有三个激活：激活国家；激活客户；激活员工，让员工莫名其妙地兴奋，无可救药地乐观。

第二，愿景与布局。

当有了商业模式，就需要为愿景造场，为布局找人。有了愿景，就要为愿景的实现进行布局，进行养兵买马。愿景实现主要有三个阶段，第一个阶段为吹牛阶段，第二个阶段为梦想阶段，第三个阶段为删除梦想阶段。

第三，薪酬分配，也就是分钱。

定好愿景，布好局，接下来就是愿景的实现，人员的分工，那么就要给员工分钱。**只有满足资源的核心利益，才能整合资源的核心价值。**操盘手不拿死工资，一般和操盘业绩挂钩。想让别人成为操盘手，就要让他的薪酬方式发生变化。

第四，吸引人才，也就是找人。

找人是一件随着企业发展不断进行的事情，体现在对操盘团队的需求上。操盘手的一个重要职责就是不断地找人，找到适合企业的匹配人才。管理人才是以培养为主，技术人才是以挖为主。

第五，建立防火墙。

建立防火墙主要是指在内部管理上建立系统。在企业的发展壮大中，已经不能简单地依靠一个人的力量或者是人为的管理，而是需要一套标准的、可行的系统管理做支撑，最大化减少人为因素在企业管理中的作用和影响。

第六，成交，也就是收钱。

一个优秀的操盘手要考虑收钱，一个人收钱不行，要让很多人跟自己一起收钱，最好的办法就是让他们跟自己一起干活。

第七，关键人才快速培养。

管理人才要自己培养，技术人员一定要挖。此处所说的关键人才是以管理人才为主。培养管理人才需考虑文化传递、系统管理、愿景认同、人员管理等多方面能力，所以，一个优秀的操盘手需要具备不断培养其他操盘手的能力。

第八，PK。

通常，关键人才的培养与 PK 紧密相关，PK 是快速培养优秀人才的好方式。PK 的实施只要有两个人就可以进行，然后道生一，一生二，二生三，三生万物，可以大量培养优秀人才。PK 诞生的冠军，就是榜样，然后再让冠军做培训，这个过程也能帮助关键人才的快速培养。

第九，造场。

造场就是企业发展壮大的过程。企业成立之初，没有太大的实力，需要老板通过愿景造场。随着优秀操盘手越来越多，企业规模越来越大，就需要老板用团队造场，也就是用操盘团队造场。企业发展到最后，存在的价值体现在客户的需求上，企业已经不再是内部人员的企业，而是客户的企业。这就是造场的第三个阶段，用客户造场，让企业的存在成为客户的必须。

第十，孵化器——漫天飞雪。

企业从最初的“小金豆”发展起来，通过项目报告、资金吸纳、愿景制定、产品系统定位、组织系统建设、业务系统建设、关键人才快速培养、分钱、收钱、人员激活等步骤，最后实现“小肉鸡”变成“金凤凰”，从“小金豆”到漫天飞雪。

❷ 企业操盘手必须遵循的十要素

企业操盘手，主要负责企业战略的制定与实施。那么，作为合格的企业操盘手，我们需要将企业管理中的哪些方面作为自己的首要任务？针对这些方面，我们遵循的原则是什么？具体的做法是怎样的？

第一，系统。

企业在发展过程中，需要建立组织系统、营销系统、研发系统、文化系统、流程系统。系统在企业管理中促使各部门领导制定相关的制度、机制，使企业全面提升管理成熟度。系统的建设一般至少要用两年时间才能完成。

第二，产品。

企业产品推广成功的关键因素，即研发跟上国际形势、对客户要有超出价格的价值、保持或领先竞争对手。

第三，营销。

就是通过销售手段，把产品提供给需要的客户来获得利润。营销需要建立：销售平台、业务流程、销售手册。销售手册包括：产品交付标准、价格空间、时间和周期、服务标准及退款方式。

第四，财务。

企业财务系统管理包括现金、税收、财务管理等。作为企业操盘手，需要了解税务优惠政策，平衡企业财富与安全。

第五，晋升。

我们应以职位晋升生涯规划来决定员工的晋升，做到按制度来进行晋升，一般采用的依据包括业绩、关键胜任能力、培养干部、学习指标、公司关键指标等。

第六，研发。

企业的发展需要特别重视研发，企业的研发力将会增加企业的产品力，企业应该对于技术研发的费用投入有一个合理的比例。对于企业的研发，建议如下：

- 要投入超过 10% 的利润来研发。
- 目标为领先原则。
- 基于教育客户的思维模式。

第七，扩张。

很多企业扩张失败，小企业未老先衰，大企业遭遇官僚老化。到底依靠什么实现可持续的企业扩张？那就是产品高度统一，有一套培养干部的机制、系统制度并磨合成功，统一文化。

第八，上市。

企业发展到一定阶段，必然会引起资本的注意，优秀的企业都善于借助资本发展，新的资金、新的股东的加入，不仅是融资，还是一个融智、融才的过程。

第九，财务安全。

作为企业的操盘手，我们需要全盘规避企业的税务风险和保证现金安全。

第十，竞争力。

拥有竞争力可以使企业变成伟大的公司。企业的竞争力包括知识、技能、资源等，这也是与竞争对手的最大不同点。

三、企业操盘手的核心任务

企业操盘手有四大任务，也就是说，我们要想成为企业操盘手，需要先注意四个问题。

❶ 反对内部分裂

与所有高管、股东签订合同

合同可以明确规定这三点：竞业条款，投资不可撤回，权限。

企业做大之后最容易出事，不是因为竞争对手太强了，而是因为企业内部出事了。内部出事的最重要问题是，在刚开始管理的时候，没有把反分裂当成一件非常重要的战略来做。比如随意承诺，比如随便就把亲戚拉过来入股，比如兄弟们之间没有谈好规矩。公司挣钱的时候，大家对“老大”很尊敬，但是公司不挣钱了，老板的威望就会空前下降。这时，大家就开始有想法了。

企业做大以后出事，最后灰飞烟灭的主要原因是“分裂”。所以你可以现在想想，你公司的高管里谁准备分裂了。

企业做大之后要整合更多的资源，千万不要让资源流失，资源一旦流失之后就不会再生长，并可能最终成为我们最重要的竞争对手。比如，在培训管理这个行业中，有很多高级的职业经理人是从国内最早的一家有影响力的培训公司出来的，这些高级职业经理人目前可能不足以对这家公司形成挑战，但是这些人创造的产值几乎相当于这家公司了。

你的公司也要做品牌，假如有一天你的公司分裂了，出去的人也卖跟你公司一样的产品，你卖 1 万元，他卖 5000 元，你卖 5000 元，他卖 2500 元。原本都是合作伙伴，结果到最后大家都赚不了钱。

有次我春节在美国过年，对我的触动很大。我去一个城镇玩，他们一个镇里只有一家超市。我朋友认识那家超市的老板，我们就跟他交流了起来。我问他："为什么这么大的一个镇只有一家超市？"他说："我们经商的人经常在一起开会，这个超市我来做，其他人就去做别的事了。超市不能开两家或者更多，因为我们经过测评，这个镇有多少人，每天消费量有多少，甚至连需要吃几根萝卜都测算好了。如果再开一个超市，肯定两家都不挣钱。"

在我国就不一样了，我国恶性竞争的一个原因就是缺乏规划。比如堵车，一个城市应该住多少人，管道应该修多粗，电缆应该修多长，道路应该修多宽，确实是要先规划好的，但是道路已经修完了，就这么宽，楼不停地往上盖，人不停地增加，下大暴雨就要积水，平常就会堵车，就会没有蓝天。有个故事很有趣，一个小姑娘跟妈妈说："妈妈，我要看蓝天。”她妈妈说：“好吧，我给你订一张飞机票吧，因为现在在地上已经看不到蓝天了，只能跑到天上去看了。”

有一个企业家说：“贾老师，我们是做汽车贴膜的，一个竞争对手把我们告了，昨天3·15晚会把我们曝光了。我们现在完了，几个亿的产值一下子没有了。”我说：“你们公司有什么问题啊？”他说：“两年前犯了一个小小的错误，被一个小竞争对手抓住机会搞垮了。原来对方根本就是一个不起眼的小企业，我们根本不放在眼里。现在，想问问您我们应该怎么做呢？”我说：“赶紧与所有高管、股东签订合同，并且明确规定三件事：第一是竞业条款，第二是投资不可收回，第三是权限，否则你这个公司就要散了。”

作为企业操盘手，要认识到这是特别重要的一件事情，如果你没有签订合同，赶快去签吧。

我有一个朋友和他弟弟合开了一家公司，当时注册的时候是他爸爸出的钱，但让他来管公司发展，他弟弟跟着干。这家公司用了17年时间，总产值达到将近2亿元。他爸爸在弥留之际，对他说：“我感觉下面的话要对不起你，但是我作为老父亲，还必须得讲清楚。你们总共兄妹6人，我临死的时候只有一个要求，那就是把公司财产分成6份，你们每人1份。如果你不答应，那你就是不敬、不孝、不仁、不义了。”面对病床上的父亲，他答应了。

父亲去世以后，下一步就要解决怎么把财产分成6份的问题。我朋友提出了一个方案，自己拿51%，剩余5份平均分，但是其他兄妹不同意，他们说老爷子的意思不是这样的，是要大家平均分。最后确实是平均分了，但这一平均就出问题了，我朋友失去了对公司的控制权、管理权。以前没有人干涉他的管理，第一是他们没有股份，第二是他们能力上也不如他。感到最受伤害的是我朋友的老婆，她万念俱灰，觉得自己跟着老公从十几万元资本的小公司开始创业，干了十几年，最后自己不仅没有股份，还被踢出了管理层。

问题出在哪呢？

一家企业，尤其是准备做大的企业，合同意识、产权意识一定要有。比如我们公司已经有 42 家分公司，近 80 家代理商，去年是 1500 名员工，今年扩充到 2000 名员工。我们公司创立这么多年，我老婆没去过一次。我不是说你的老婆也不能去你的公司，我也主张夫妻共同创业。我老婆没有去，是因为在财产方面我们俩已经约定好了分配方式。

第一，我们家所有有形财产全部归我老婆，比如买个房子，买个车，都写她的名字。这有什么好处呢？如果我搞分裂，将会一无所有。第二，公司的股权都在我名下，当然，股权可以挣钱就值钱，不能挣钱就不值钱。

我要告诉大家的是，先与你的高管、股东签订合同。不能随便讲“小伙子好好干啊，干好了以后给你 10% 的股份”，但可以说“刘总，这次我们是股权激励合作”。嘴上不要轻易做出承诺。跟别人谈股份，得先写出来，再交给相关人员去征求意见，然后再冷静思考，不能嘴里放大炮，否则后患无穷。

确定企业发展趋势

企业的发展趋势一般都是由中央集权制走向联邦制。

我朋友从大企业里挖了一个大人物到他的公司，跟人家说给他30%的股份。到了这年年底，朋友挖来的人给我打电话，说："贾老师，我辞职了。我今天给你打电话，是告知你，因为这事和你也有关系。公司有我30%的股份，我准备通过法律手段把这30%的股份要回来。"我说："你为什么要通过法律手段，而不是面谈呢？"他说："已经面谈了，老板说去年没挣钱，所以股份也没有分红。我走了，股份也没了。"我说："我给你牵个线处理这件事吧。"他说："算了，老板个人所得税、企业所得税都不健全。这是第一个问题。第二，答应我的股份，虽然当时没签合同，但是我有短信、有录音为证据，大不了可以法庭上见。"

对这件事情进行风险分析后，我认为这家企业完蛋了。它的社保交没交？有没有污染？还有税的问题，连老板的个人谈话都有录音，这得多危险。我跟朋友分析了这个问题，他说光脚的不怕穿鞋的，要死一块死吧。

没办法，我请朋友吃饭，劝说道："你才30多岁，还年轻，这样搞下去，将来能跟谁合作啊？"我这样说就是想吓唬他一下，如果他真的执意不理会这件事，我也没有办法。最后这家企业出了一大笔钱把这件事处理了。后来，朋友说："不知道我到底得罪谁了，要受如此磨难？"我说："就是因为你不懂纸片对你的作用。你根本不懂企业做大以后的发展方式将从中央集权制走向联邦制。"

什么叫中央集权制？企业的战略、产品、营销均由老板一人掌控。什么叫联邦制？联邦制有三个特征：职业经理人、项目单独核算、资源内部共享。

飞利浦是一家非常优秀的企业。我们曾经去参观过飞利浦公司，在飞利浦工作的人都废寝忘食，精神面貌自然而快乐，追求完美。这种状态说明飞利浦公司的利益划分非常清晰，人们都很清楚企业未来的发展方向，以及自己能在这里获得什么。因而不会有不愉快的纠纷。

❷ 做好员工期望值管理

企业操盘手的第二大重要任务是，做好员工期望值管理。做好员工期望值管理的办法，就是做员工职业生涯规划。

一家企业将有 50% 的人在员工职位，5% 的人在高管职位，还有 20% 的人在失业职位。什么叫失业？被公司考察期、试工期、找工作期、没有工作期，都叫失业期。还有 25% 的人在做晋升准备。

成功的企业家，50% 是经过 3 次以上创业失败，并且在一个行业 6 年以上的。5% 的人一次创业成功，20% 的人破产，还有 25% 的人在赢利点进行经营。

这两组数据非常重要，这两组数据的作用是给员工做期望值管理。因为现在很多员工有三个重要幻想：

- 第一，我干一年就要去创业。
- 第二，我创业一年就可以发财。
- 第三，我发财以后就能出人头地。

其实不是这样的。你的沉淀能力都还没规划好，就去创业了，这是会出事的。我不是不主张大家创业，我是非常主张大家创业的，但是**创业不像坐火车，买了火车票就能到终点站了。**

一个公司的文化有两个错误的导向就容易出事：第一是把挣钱当成工作的首要，第二是没有对一个人的能力进行数据化管理。

一个员工来到公司，公司给他提供了优越的条件，于是，第二天他对自己就产生误判了，他认为自己真的很好，所以公司才这样优待他。其实，这时候就需要进行数据化管理，不然很容易让人产生误判。现在，很多公司的员工都浮躁了。

我在美国有一个朋友，是湖北人，是对外经济贸易大学的人力资源管理研究生、美国加州大学伯克利分校的房地产博士。她现在是房地产经纪经理，下属总共有10个人。

有一次，她在帮一个中国客户与一个美国人谈判合作，美国人把她给骂了一顿。我问美国人为什么骂她，她说是因为一个小小的细节，那个美国人说她不专业。我问她："你做房地产经纪做了多少年？"她说："大概做了16年。"我问她："那个美国人干了多少年？"她说："35年。"

于是我跟她说："我对商场不太熟悉，你陪我去逛一下商场。"我们就逛商场去了，在一家店里，为我们服务的是一位男士，他挑了几件衣服以后，我就问他年龄有多大，他说71岁。我说："你做了多少年的销售？"他说："已经做了51年。"我说："那你为什么不去创业？"他说："我如果在美国创业可能就会没有生活，没有时间陪我太太，没有时间去钓鱼，我在这儿可以把工作做到极致，请问您对我的服务满意吗？"我说："非常满意。"他说："是啊，这是我用15年才总结出来的销售经验，我又用这些经验干了36年。"于是我就跟他说："中国人常有的一个情况是，干了几年之后总结了一个经验，就开始换另外的工作了，再过几年又跑另外一个岗位上去了。我的公司每天都在搞这个，我每天都在安抚员工。"他说："那是什么原因造成的？"我说："因为中国人都想挣大钱。"

钱会让人产生误判，赚钱是要看能力的。能力有了，有钱就是福分，能力不到，钱就是祸害，把我们本来应该有的都祸害了，这是很可怕的。

❸ 不要有错误的导向

前文说了企业文化的两个错误的导向，那么应该怎么让企业文化有正确的导向呢？有三种办法：第一要追求完美，第二要崇尚行动，第三要结果至上。

追求完美

产生正确判断的第一种方法是要追求完美，追求成就感。

我讲的很多观点不是让你知道就够了，而是希望由你来告诉你的团队。因为所有理论只有落实到团队的工作上才会有效果。

我们曾经开过一个软件公司产品研发会议，我和软件公司的总经理进行了沟通。我说我对他们软件不满意，总经理说哪一点不满意？我说不满意的地方非常多，就不一一表述了，总的来说非常不满意。他问我他应该怎么办？我说他们作为一个技术团队缺乏精神和信仰。技术团队的精神和信仰是产品，如果顾客不满意，他们连觉都不能睡，就要赶快过去修改，但现在他们看见有顾客不满意却还在打篮球，还过春节过得心安理得，这说明技术团队就是挣工资的能耐，不是为了追求完美，没有成就感。

告诉你的技术团队，如果产品还没有在中国站住脚，还没有形成优势，他们绝对是负有责任的。如果你是销售人员，生产部经理告诉你东西卖不掉是你的责任，你可以先问生产部经理，这个产品在中国甚至在国际上是不是顶尖优秀的产品，如果并不是顶尖优秀产品，那应该是技术团队的责任。

很多企业的员工不是因为信仰的追求把自己的工作当成神圣不可侵犯的重要部分，而仅仅是为了挣一点工资。用这种精神做产业，那必死无疑。产品没有做到极致，技术研发团队还心安理得，这就没救了。

在追求信仰的过程中，**技术团队永远追求完美，营销团队永远追求业绩，管理团队永远追求服务，这是对这三个团队重要的要求。**

很多企业出现问题，首先是出在技术团队上。比如做服装的，服装设计不是最流行的，而是得过且过，那是不行的。

崇尚行动

从即日起要行动的结果，不要揣测的结果。

春节时，几个董事到我家做客，跟我聊天，聊完以后，有个董事说，某公司最近出了大事，出现什么什么问题了。我马上就问他，什么时候出的事，出了多大的事，出了什么事，在谁身上发生的？

现在很多高管不干活，满嘴跑火车，开会的时候做了很多假设，却都不去做。有的老板一高兴就夸下海口，比如“三年之内要给员工每人买一台奔驰，要创造多少多少的利润”。这样的话以后千万别说了，因为万一你做不到，就会失信于人，也会失去员工的心。

马云曾经说过一句话，我非常认同。他说：“当我关注全世界的兴旺的时候，我发现我过得非常穷；我关注我的国家兴衰的时候，我发现我过得非常煎熬，非常贫困；后来我发现我专注于我的公司的时候，我的状态就特别好；再后来我发现我只关注于我的本职工作的时候，我游刃有余，我过得非常幸福。”

所以，一定要把自己的本职工作做好，当老板的把老板做好，当销售总监的把销售总监做好，当技术总监的把技术总监做好，这个世界一定会很美好。

结果至上

从今天开始，所有晋升与降职完全依照数据化与人才测评标准进行。提拔人才有三个重要思路：

- 营销人才，依照销量、团队、利润综合得分晋升。
- 技术人员，依照技术通关，且在本岗位有成绩，在其他岗位锻炼通关后晋升。
- 管理运营人才，需到晋升岗位进行实习、锻炼，通关后方可晋升。

很多公司曾做过人事调整。某著名企业的老总跟我说，他不愿意调整，因为调整的很多人是他的爱将。我非常理解他。但是没有办法，因为公司看的是业绩，没有业绩就是不行。

图 2 是组织机构图。

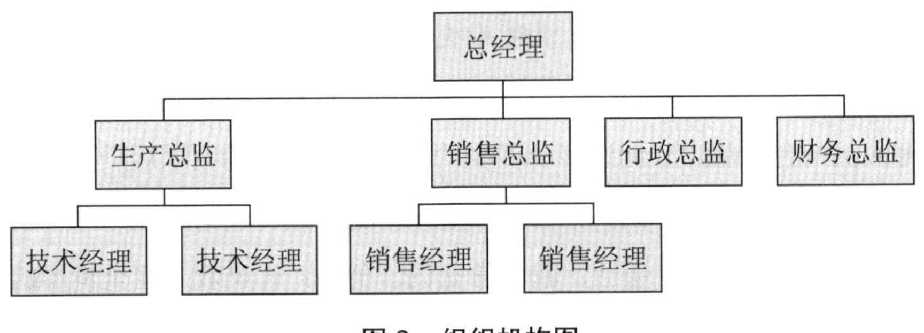

图 2　组织机构图

从图 2 中可以看出，总经理下面有生产总监、销售总监、行政总监、财务总监等，销售总监下面还有销售经理。比如一个人开公司了，这个人不一定担任总经理，担任的可能是销售总监。一个新公司里没有总经理，也没有生产总监，但一定要有销售总监。这个人的名片上写着：×× 公司销售总监。为什么没有总经理？第一种可能是因为数据没达到标准。他是搞业务的，有一个业绩目标，比如 3 个月内超过 5 万元；还可以有利润目标，比如从第二个月开始有利润；还可以有团队目标，比如团队达到 20 人以上允许晋升，晋升为代总经理。

第二种可能是，这个组织机构有总经理、生产总监、营销总监、财务总监、行政总监，结果总经理考核不合格，被调到其他公司担任副总了，导致这个公司没有总经理。这种情况可以经过选拔，担任销售总监的人可以直接担任总经理，也可以升半级为总监，或者总监兼管公司的全面管理。他的考核指标有 3 个，业绩方面、利润方面、团队方面都有具体的要求。

很多公司的总经理只管自己的收益，你让他培养员工他不培养，他心胸狭窄，指鹿为马。这种人到不了很高的位子，当时可能是由于缺乏人才你才把他推上去了。所以从现在开始，你要记住营销人才需要靠销量、团队、利润综合得分晋升；技术人才依照技术攻关，并在本岗位或者其他岗位锻炼通关后晋升；管理运营人才要晋升的话要通过实习、锻炼。

谁想晋升都可以，但是要有一定的指标。

❹ 做好数据化管理

有人说，一个管理混乱的公司，老板如果活 90 岁，他的一生应该是这样的：30 年学习，30 年创业，30 年坐牢。因为他的管理指标混乱，必然导致悲惨的后果。

在一个企业中，数据化管理很重要。如果企业不进行数据化管理，问题就会越来越多，那迟早是会坏大事的。

薪酬数据化

进行数据化管理的第一项就是，明确应该怎么发工资，也就是薪酬数据化。我们把工资体系分为固定工资、绩效工资、进度工资、等级工资、销售工资等，销售工资又分为个人提成工资、团队提成工资、组织提成工资，还有产品提成的环节奖、项目奖、提成奖等，分红当中又包含了产品式分红、公司式分红、子公司式分红、股份式分红等。把每个岗位应该拿什么工资做成表格，每个人应该拿什么工资，都明确填好。

每次发工资，先对照这个表格（见表 1），查看对不对。薪酬数据化要求项目清晰、考核对应、价值合理。

目标数据化

有 50% 的企业没有给每个岗位确定清晰的目标。目标数据化第一项就是销售额目标要数据化。比如，总裁一年挣多少钱，销售额目标是多少，要有非常清晰的指标。比如，总裁的考核指标是：年度销售额3.6亿元，预收款超过20%（当然有的没有预收款指标，只有应收款），人均销量达到 3 万元以上。

我曾经到一家烩面馆吃面，吃完之后我跟烩面馆的老板说，一个门店23个员工太多了。他问应该多少个合适，我说去掉一半左右，12个就够了。

我为什么这么说呢？因为23个员工创造的销售额和利润率，与12个人创造的销售额和利润率是不一样的。不是说减掉工资就

表 1 薪酬数据化

岗位	固定	绩效	进度工资	等级工资	销售提成			产品提成			分红			股份
					个人提	团队提成	组织提成	环节提成	项目提成	销售额提成	产品分红	公司分红	子公司分红	
CEO	√	√										√		
COO	√	√										√		
CTO	√	√							√			√		
CFO	√	√										√		
CHO	√	√										√		
CSO	√	√								√		√		
子公司总经理	√	√			√		√							√
营销总监	√	√			√	√							√	
营销经理	√	√			√	√								
营销员	√	√			√									
整合专家	√	√						√	√		√			
项目总监	√	√						√	√		√			
事业部总经理	√	√									√			
研发工程师	√		√	√					√		√			
门店店长	√	√											√	√
项目成员	√			√					√					

增加了利润率，你得为每个人培训，得为每个人做考核，得一个一个招聘。招聘的时候得有人力资源负责人，人力资源负责人得有个电脑，得有个办公室，人多了还要交各种税，甚至有的人还会要求涨工资，人流失了还要再去招聘。多了十几个人，可能会让你公司的利润率发生巨大变化。

比如目标是利润率要超过多少，利润率超过20%以上的子公司比例要占多少，市场目标是要开5家分公司，结果过了春节就开了3家；比如今年的指标是达到32家子公司、200家代理商；比如人才目标，今年子公司的总经理要达到20名，讲师增加20名，子公司总监以上人员达到80名……管理系统目标包括建设营销目标、成本目标、市场目标、产品目标、人才目标、系统目标等，表2、表3、表4、表5、表6、表7、表8是某企业目标数据化管理所用到的一些表格，供参考。

目标数据化的要求是，在每年4月前，包含4月，公司中高层目标清晰，明确累计40个指标、目标，有考核数据。

业绩数据化

业绩数据化，有的岗位要求非常清晰，有的岗位可以适当地间接性清晰。以我们公司为例，我来讲讲怎么进行业绩数据化管理。首先是看销售额，销售额1万元为1分，但是要减去50万元的销售额底限。比如你这个月的销售额是50万元，你得0分；你这个月的销售额是51万元，你得1分。也就是说，数据要先减一个“起步价”，就像坐出租车一样。我们公司卖前端产品是卖掉1个产品为1分。可能有人会说，为什么销售额和产品要同时积分？

表2　目标数据化（总表）

	CEO	COO	CTO	CFO	CSO	CHO
销售额目标	总销售额3.6亿元；预收款20%；人均销量3万/人/月		实业类产品销售占比30%；新产品销售额占比20%		一级市场200万/月； 二级市场140万/月； 三级市场80万/月； 四级市场60万/月； 前端产品销量40个/月	
成本目标	利润率在15%以上；利润率20%以上；公司占50%	利润率在15%以上 管理费用年度150万以内	生产成本控制在20%以内；原材料成本在生产成本50%以内	利润率在15%以上；税销比在5.5%以内	利润率20%以上；预算误差率在5%以内	人工成本占比17%以内
市场目标	新开5家公司，达到32家子公司、200家代理商					
产品目标			推出3个新产品，销售实现率100%；产品竞争力行业第一		实业产品销售占比30% 新产品销售占比20%	
人才目标	子公司总经理40名； OPP讲师20名； 子公司总监80名	营运人员20名	事业部产品研发人才10名以上；产品交付人才30名以上大课讲师10名	财务人员20名	达标干部团队4个；人员编制达标率80%	20名人力资源人员；新员工培训通关率100%
系统目标	营销系统建设，每季度更新营销手册	组织系统建设，20XX年8月前导入	产品系统建设，形成产品标准化、文本化	财务系统建设	营销系统建设，每季度更新营销资料	

表3　销售额目标

<table>
<tr><th></th><th>目标值</th><th>责任人</th></tr>
<tr><td>总销售额</td><td>3.6亿元</td><td>CEO、CSO</td></tr>
<tr><td>一级公司</td><td>200万元/月</td><td rowspan="4">公司总经理、总监、经理、员工等各级营销人员</td></tr>
<tr><td>二级公司</td><td>140万元/月</td></tr>
<tr><td>三级公司</td><td>80万元/月</td></tr>
<tr><td>四级公司</td><td>60万元/月</td></tr>
<tr><td>预收款</td><td>20%</td><td>总裁、各级营销管理者</td></tr>
<tr><td>应收款</td><td>0</td><td>总裁、各级营销管理者、财务管理者</td></tr>
<tr><td>人均销售</td><td>3万/人/月</td><td>总裁、各营销公司管理者</td></tr>
<tr><td>销售百分比</td><td>新产品占20%</td><td>CEO、CSO</td></tr>
<tr><td>前端产品销售量</td><td>40个/月</td><td>总裁、各营销公司管理者</td></tr>
<tr><td>合同履约率</td><td>90%</td><td>销售管理者、产品交付者</td></tr>
<tr><td>赢利区域占比率</td><td>80%以上</td><td>CEO、各子公司总经理</td></tr>
<tr><td>客户重复消费率/额</td><td>重复消费率在20%以上</td><td>各子公司总经理</td></tr>
<tr><td>客户人均消费占比</td><td>10万元以上客户占50%</td><td>CEO、各子公司总经理</td></tr>
</table>

表4　成本目标

	目标值	责任人
总利润率	15%	CEO、COO
销售成本	销售额2%以内	CSO、财务人员
销售公关成本	销售额1.5%以内（从总销售额扣除，超标部分从销售总经理提成部分扣除	分子公司总经理
销售额提成成本	销售额21%以内	董事长
销售办公成本	每月不高于40万元	销售管理人员
原材料成本	销售额10%以内	采购部
生产管理成本	销售额5%以内	生产总监
办公管理费用	年成本不低于450万元	CEO、COO

（续表）

	目标值	责任人
折旧成本	低值易耗品 3 月内折旧完成；固定资产折旧 1~3 年折旧完成；损耗品即时折旧	CFO
人员工资奖金成本	略	CEO、CHO
税金成本	销售额 5.5% 以内	CFO
预算误差率	5% 以内	CFO、各级管理人员
后端产品利润率	18% 以上	CEO

表 5 市场目标

	市场类别	目标值要求	责任人
企业市场	金标市场	所有省会城市作为金标市场，开设子公司	CEO、CSO
	蓝标市场	优先开设南京、昆明及部分地级市市场，开设子公司	CSO、财务人员
	绿标市场	与所有地级合作商开展代理商合作，每月一次招商会，业绩 300 万元以上	CEO、招商总监
	黄标市场	占领机场、书店、网络等重要宣传媒体	CEO
	黑标市场	略	
	市场总数	32 个子公司，200 家代理商	
直营市场考核	销售额	每月达到 50 万元以上	子公司总经理
	前端产品销售量	每月 20 个以上	子公司总经理
	达标团队数	20 万元以上销售团队 1 支	子公司总经理
	利润率	保证赢利，50% 以上市场利润率在 20% 以上	子公司总经理
代理市场考核	团队规模	两支销售团队，每支 5 人以上	招商总监
	销售额	每季度超过 30 万元	招商总监
	一次性进货量以及次数	每季度至少进货一次，每次不低于 30 万元	招商总监

表 6　产品目标

		要求	责任人
产品设计	沙滩产品	至少新出 10 套微课、3 套书籍	CTO、事业部负责人
	前端产品	新出 2 个工具包，每个销量至少达到 2000 万元	CTO
	后端产品	新开两个系统班，每个达到 400 家客户以上	CTO
	方案式产品	启动 3 个行业研究 CTO	CTO
产品标准化		所有产品进行文字化、标准化、存档化	CTO、事业部负责人产品考核
		所有商标产权注册化、著作权注册化	
		所有产品交付产品标准化	
产品考核	销售产品实现率	新产品销售实现率为 100%	CTO
	前端产品销售	前端产品总销售额达到 1 亿元，占比 20% 以上	CTO、CEO
	新产品销售占比	新产品销售占比 20%	CTO、CEO
	产品竞争力	在同行业中排名第一	CTO
产品人才培养		事业部产品研发人才 10 名以上	CTO
		产品交付人才 30 名以上	
		大课讲师 10 名	

表 7　人才目标

	要求	责任人
企业高级管理岗位人才目标	CEO 一名、CTO 一名、COO 一名、CSO 一名	董事长
企业关键岗位	子公司总经理、子公司高管及集团副总	CEO
	事业部总经理、技术工程师	CTO
	行政后勤及运营人才、新员工培养	COO
	销售干部、销售人员	CEO、CSO

（续表）

		要求	责任人
企业人才目标	引进	大课讲师 10 名 OPP 讲师 20 名 咨询师 10 名 IT 工程师 5 名	CEO、 CTO、 COO
	培养	子公司总经理 20 名 子公司高管 40 名 事业部总经理 4 名 运营经理 10 名 销售储备干部 160 名	各级人员直接上级
	招聘	员工 2800 名	各级管理人员、HR
企业培训师培养		专职培训师 5 名 兼职培训师 30 名	COO
企业培训体系建设		2 月前，梳理企业战略规划、企业定位	董事会
		2 月前，规划关键人才岗位	CEO
		3 月前，梳理每个岗位的工作分析表、责任价值与核心技术	HR 经理
		8 月前，罗列公司企业文化、精神使命，整理核心管理技术 （组织机制、营销手册、产品手册、生产流程、财务流程等）， 专业岗位核心技能，并编写教材	CEO、HR 经理
		10 月前，培训培训师，对总监级以上所有人员进行不少于 40 个小时的讲师 训练并通关，同时要求公司有 4-5 名专业培训师（主要讲解企业文化 、管理系统）	CEO、HR 经理
		进行关键人才训练，包括有：A）榜样复制，由岗位榜样进行训练， 每 2 月组织一次；B）动作分解，编制手册，如销售手册、生产手册、采购手册、财务手册等；C）举办培训班，如招商精英培训班、财务 精英培训班、管理精英培训班、财务精英培训班 . 10 月前全方位实施	CEO、HR 经理

（续表）

	要求				责任人
	技术通关，包括：A）业务型岗位，用业绩与培训通关双指标； B）技术型岗位，用技能与培训通关双指标； C）管理型岗位，用培养人才与培训通关双指标。				CEO、HR 经理
	考核，要求 20XX 年 12 月前实施人才培养方案				CEO、HR 经理
年度培训计划	总经理培训	营销总监培训	OPP 讲师培训	业务员培训	业务员培训
	不少于 6 期	不少于 12 期	不少于 6 期	不少于 60 期	不少于 60 期

表 8　系统目标

需建立的系统	组织系统、营销系统、财务系统、产品系统	
系统建设步骤	组织系统	• 20XX 年春节前，实施组织架构、战略目标分解、高管人员分红、目标责任 • 20XX 年 5 月前，实施招聘、晋升、考核、薪酬、工作分析 • 20XX 年 10 月前，全面导入薪酬
	财务系统	• 20XX 年 3 月前，对现有税务、账务进行清理； • 20XX 年 8 月前，实施税务筹划、账务筹划、信息筹划 • 20XX 年 12 月前，升级财务人员
	营销系统	• 20XX 年 3 月前，建立一套销售手册流程； • 20XX 年 5 月前，建立一支销售团队； • 20XX 年 12 月前，建立销售服务体系、销售风险管理体系
系统任务	用一年的时间，初步完成系统化制度运作，通过关键人才、 关键系统运作，达到解放老板目的	

我给大家举个例子，在迪信通买过手机的人一定知道，那里的手机便宜，基本就是成本价。有的手机贵，有的手机便宜，如果对一个门店考核业绩，员工就会光卖好卖的，导致产品没有办法全部销售出

去。我们不仅要卖好卖的，有时候还要卖价格贵的，不太好卖的。那么如何调控呢？我们要再考核一个指标，就是销售产品的特色，卖手机的一个门店卖100万元，但是卖多少部也要有要求。如果你是开餐馆的，你的产品只有某几个，或者是利润率低的产品卖得非常好，使你的公司销售情况非常好，但就是不赚钱，这时你对菜品的种类也得有要求。

比如长松咨询集团也有这种情况，我们公司产品有十几个系列，如“企业操盘手”课程我规定是500人听课，但是来了700人，下一次就可能来1000人听课，那我还有其他产品呢，其他产品只有70个人听课怎么办？所以我得有个方法来调控。

我们公司规定：第一，销售额减50万元为销售额积分，超额1万元为1分；第二，产品销售1个为1分；第三，每月销售20万元以上的团队积10分；第四，利润1万元积2分。这是业绩数据化的一个最基本原则。数据出来以后，你自己看自己完成得好不好。你可以说“我没有功劳也有苦劳”，但这种说法我根本不理会，因为你的销售数字摆在那儿。如果你做的工作非常多，结果没有业绩，没有数据，你不是更丢人吗？

根据规则我们制定了表9，让员工定时看一看销售额、前端产品、干部业绩和利润。你学会这个方法，回去一定要用，因为这是个工具，你只有真的做了才会知道是怎么回事。它能产生巨大的效能。在我的公司中，40%的数据源于数据化管理，数据化管理激活了人心，从而产生了业绩倍增的效果。

人才数据化

人才管理如何数据化？我这里要告诉你的不是这个方法应该如何使用，而是人才数据化的理念，人才数据化的效果，要做到聘用、薪酬、晋升、培训均依据数据。人才数据化是很多企业的重要目标。

表 9　总经理竞争排名得分情况表

单位：分

	排名	区域	销售额	前端产品	干部业绩	利润	合计
子公司	1	成都	782	213	210	546	1751
	2	郑州	632	197	250	272	1351
	3	北京	443	197	180	370	1190
	4	广州	528	213	100	238	1079
	5	重庆	341	113	190	197	841
	6	武汉	209	147	110	213	679
	7	海口	177	105	30	253	565
	8	济南	143	82	40	76	341
	9	杭州	198	52	50	26	326
	10	西安	118	76	50	66	310
	11	南宁	70	78	50	60	258
	12	长沙	57	36	50	83	226
	13	太原	56	58	20	87	221
	14	内蒙古	43	48	30	58	179
	15	厦门	60	28	20	56	164
	16	昆明	64	28	30	38	160
	17	东莞	26	62	0	68	156
	18	天津	24	43	10	35	112
	19	佛山	30	15	10	42	97
	20	深圳	30	37	0	17	84
	21	石家庄	3	12	10	53	78
	22	洛阳	0	0	10	44	54
	23	上海	4	9	10	21	44
	24	南昌	0	2	0	17	19

表 10 是某著名企业的人才数据化管理表格，供参考。

表 10 人才数据化

岗位名称	简历标杆							价值观特质
	年龄 4 分	性别 3 分	学历 4 分	行业经验 3 分	岗位经验 3 分	籍贯 4 分	婚姻状况 3 分	
业务员	低于 18 岁高于 36 岁为 0 分 27-36 岁 为 1 分 18-21 岁 为 2 分 25-26 岁 为 3 分 22-24 岁 为 4 分	男性 3 分 女性 2 分	大专 3 分 高中 / 中专 4 分 本科 2 分 其他 0 分	无 3 分 有 1 分	无 3 分 有 1 分	本省农村 4 分 本省城市 2 分 外省农村 3 分 外省城市 0 分	已婚 1 分 未婚 3 分	财富型，非研发型，前三项为 134，总分为 70-85 分
经理	低于 18 岁高于 36 岁为 0 分 29-36 岁 为 1 分 18-21 岁 为 1 分 22-24 岁 为 3 分 27-28 岁 为 2 分 25-26 岁 为 4 分	男性 3 分 女性 2 分	大专 4 分 高中 / 中专 3 分 本 科 3 分 其他 1 分	无 3 分 有 1 分	无 3 分 有 2 分	本省农村 3 分 本省城市 2 分 外省农村 4 分 外省城市 1 分	已婚 1 分 未婚 3 分	工作型，非享乐型，前三项为 145，总分为 70-89 分
总监	低于 18 岁高于 36 岁为 0 分 18-21 岁 为 1 分 22-24 岁 为 2 分 31-36 岁 为 2 分 28-30 岁 为 3 分 25-27 岁 为 4 分	男性 2 分 女性 3 分	大专 4 分 高中 / 中专 2 分 本 科 3 分 其他 0 分	无 2 分 有 3 分	无 3 分 有 2 分	本省农村 4 分 本省城市 1 分 外省农村 3 分 外省城市 2 分	已婚 1 分 未婚 3 分	财富型，非健康与享乐型，前三项为 145，总分为 70-89 分

客户数据化

客户数据化和非客户数据化带来的结果有什么不同呢？两者的工作效率、业绩效率是不一样的。客户包含两种：没有成交的顾客，也叫总顾客；已经成交的顾客。其中，没有成交的顾客包含三类（见表 11）：

- 第一类叫有效顾客。
- 第二类叫无效顾客。
- 第三类叫风险顾客。

表 11 没有成交的顾客

有效客户	每年有 500 万~20 亿销售额 民营企业的高管与人力资源部成员 具有学习的经历 具有建设企业系统意愿的创业者与民营老板
无效客户	成长性差的民营企业老板 没有改革权的国企业老总 垄断型公司 没有现金支付能力的个体户 企业基层中基层员工
风险客户	培训公司的讲师 没有合作的培训公司管理者 违约型客户 公司经济伤害型黑名单客户 有媒体，税务等背景并具有破坏动机的客户

什么叫有效顾客呢？比如能够创造 500 万～ 20 亿元销售额的人，能够帮助建设企业的人。什么叫无效顾客？比如成长性差的民营企业老板、没有改革权的国有企业老总、没有现金支付能力的个体户等。什么叫风险客户？比如其他培训公司的培训讲师、没有合作过的培训

管理者、违约型顾客、经济伤害型顾客黑名单。

假如一个顾客买完一个东西之后，回头来找你了，专门来找事，那么这个顾客就是风险顾客。2012 年我在北京买了一个写字楼。签完合同的第二天，我带着朋友去看这个写字楼的时候，见写字楼旁边有一堆人在那儿吵架，我就在旁边看了大概 10 分钟。之后，我对企业方的负责人说："你们公司的客户管理有问题。"他不信，说："我们公司客户管理怎么会有问题？"我说："在刚才与那个客户吵架的 10 分钟时间内，那个客户总共问了 4 个问题，这 4 个问题都不是你们能解决的，比如另外一块土地的问题等。并且那个客户说，如果你们解决不了这个问题，他将不交物业费。他制造出一大堆的危机，就不应该把房子卖给这种人。"企业方负责人说他有购买力，但有的客户就算有购买力你也不能卖给他。你要对顾客进行区分。这种人就属于风险顾客，既然是风险顾客就不要卖给他了，不然将来为了维护客户关系会付出巨大的时间成本、客户成本。

一定要学会拒绝风险顾客，管理无效顾客，服务好有效顾客。比如，在一个餐厅里吃饭，餐厅里有很多人的时候，一定是管理出问题了，怎么处理这种情况呢？一定要记住：对正在吃饭、已经交钱的人，用有限的实力服务好；要让还没有消费的人在旁边等，但有些人实在吃不上了，就直接告诉他们没有位置了。因为你的能力只有这么多，只能先服务好这些人。现在很多餐厅没有人服务，大家都忙着照顾排队的顾客，心想这些人迟早要交钱，先把钱弄来再说，其他人就先不管了。如果出现这种想法就完了。

有效顾客分为榜样级、英雄级、贵宾级、小白兔级等（见表 12）。

我们公司榜样级的有效顾客是消费 50 万元以上的，或者转介绍达到 100 万元以上的，企业规模在 1 亿～ 10 亿元，在本行业或者本区域有影响力，认同我们公司产品产生的效果。我们怎么为他们服务呢？

比如超值赠送，新产品优先试用，稀缺资源倾斜，高级别人员亲自服务，荣誉和奖励，专属服务，特别训练机会等。

对于英雄级的、贵宾级的有效顾客，我们也都有相应的服务方式。

小白兔级的有效顾客指的是，有5万元以下的消费，企业规模在2000万元以下的，我们要鼓励他们消费。

表12 已成交顾客

类型	标准	相应措施
榜样级	在公司消费50万以上或转介绍达到100万以上 企业规模1-10亿，在本行业或本区域内具备相当影响力 高度认同本公司产品，并产生成效	超值赠送，新产品优先试用 稀缺资源倾斜，高级别人员亲自服务 荣誉与奖励 专属服务 特别的训练机会
英雄级	在公司消费30万以上或转介绍达到50万以上 企业规模1-10亿，在本行业或本区域内排名靠前或具备影响力 高度认同本公司产品，并产生成效	尊贵服务，见证客户 荣誉与奖励 超值赠送，新产品优先试用
贵宾级	在公司消费20万以上或转介绍达到30万以上 企业规模为5000万以上 高度认同本公司产品，并产生成效	重点关注
VIP	在公司消费10万以上或转介绍达到20万以上 企业规模为3000万以上 开始运用公司产品	感动式服务
新手	在公司有消费 企业规模为2000万以上	关怀，鼓励参与

（续表）

类型	标准	相应措施
小白兔	在公司有 5 万以下消费 企业规模为 2000 万以下 极弱消费但忠诚，鼓励对象	鼓励对象
革命客户	没有契约精神，出现恶性消费事件	风险客户管理对象
休眠客户	消费一次后再也不消费了	关怀对象

江苏有一个大姐，我到江苏讲四次课，她去听四次，我见了她四次。我说："大姐，你是干啥的？"她说："我是开超市的。"我说："超市多大？"她说："8平方米。"我说："几个员工？"她说："我和我先生。"我说："你到我公司想要什么产品？"她说："我买组织包，外加一个系统管理，你说行不行？"我说："不行。"她说："为什么？"我说："没有办法导入啊。你的公司组织机构图我画不了。"她说："我将来会做大的。"我说："做大了之后你再来找我，我免费送你都可以，但是现在不行。"

不能因为顾客对你信任，就随便从顾客那里拿钱，得考虑顾客的实际情况。

河北有一个顾客想找我做咨询，我们的调研人员到他公司一调研，发现他的公司是一个40平方米的门店。后来我就跟他说，咨询费在我账上，你什么时候想通了，想要拿走，我没有意见。

他说："我找你咨询有什么好处，你给我讲讲。"我说："我要是给你做咨询，我能让你的业绩翻3倍，但是目前我不能做这个咨询。"他说："为什么？"我说："当然我也需要利润，但我不是一味需要利润。我要做良心的咨询。你这种顾客我现在不能做。"他说："我想建系统怎么办？"我说："这样吧，你把我当成一个兄弟，我帮你免费指导，我送你工具都没问题。但是现在你公司这么小，中午吃饭都不舍得吃好的，我收你989800元的咨询费……坦诚地说，989800元对于我们公司来说不算钱，我们公司一年两三亿的销售额，一个月一个员工就可以收98万元的咨询费，但是这对你来说很多了。我把你的顾客先归到新手那里去，我可以关怀、可以鼓励、可以参与，我免费给你提供就可以。"

一个企业的顾客管理要有标准，不能闭上眼睛要钱，要睁开眼睛要钱。这就是客户数据化。

客户数据化的要求是：先进行客户数据管理，再进行客户销售效率提升，最后是客户得到更高价值。关于客户管理，我们走了非常多的弯路，但在这个过程中，我们的客户服务得到了大幅度的提升。

销售数据化

表 13 是销售数据化的工具，学会用这个工具，你的公司将发生巨大的变化。

很多公司把销售定义为卖掉货拿来销售额，但是这样的销售会有很多问题。我们理解的销售是什么呢？

表 13 销售数据化

岗位	业绩指标	占比权重	要求	衡量标准
营销公司总经理	销售额	30%	实际到账的现金总额	完成 2400 万，30 分； 完成 2000 万 ，20 分； 完成 1600 万，15 分； 完成 1200 万，10 分； 完成 1000 万，5 分； 950 万以下，0 分
	利润	20%	税前利润	少 1% 扣 1 分；5 % 以下 0 分
	前端产品销售	10%	每月销售前端产品，累计销售 40 套	完成 40 套，10 分； 完成 20 套，5 分； 20 套以下，0 分
	组织系统及营销系统建设	10%	组织及营销系统形成手册，并培训	制作系统并导入流程，10 分； 制作但未导入，5 分； 未制作、未导入，0 分
	团队建设及干部数	20%	团队人数达标，核心人才达到编制：单月 30 万的总监 4 名，单月 20 万的经理 4 名	按要求完成 20 分； 每少一名扣 5 分，直至为 0
	人均销量	10%	人均销量为 3 万 / 月	完成，10 分 50% 员工的不达标，0 分
营销总监	销售额	30%	单月 30 万	实现，30 分；少 1 万，扣 1 分
	前端产品销售	15%	平均每名员工销售 2 个	实现，15 分；销售 1 个，7 分； 低于 1 个，0 分
	团队建设及干部数	15%	单月 20 万的经理 1 名	实现，15 分；未实现，0 分
	出单率	10%	80% 的人出单	实现，10 分；70% 以上，5 分； 70% 以下，0 分

（续表）

岗位	业绩指标	占比权重	要求	衡量标准
营销总监	团队编制达标率	10%	达标为 80% 以上	实现，10 分； 未实现，0 分
	人均销量	20%	3 万 / 月	完成，20 分 50% 以上员工达标，10 分 50% 员工的不达标，0 分
营销经理	团队销售额	30%	单月 20 万	实现，30 分； 少 1 万，扣 1.5 分
	个人销售额	10%	单月 7 万	实现，10 分； 5 万以上，5 分； 5 万以下，0 分
	前端产品销售	15%	平均每名员工销售 2 个	实现，15 分； 销售 1 个，7 分；低于 1 个，0 分
	人均销量	20%	3 万 / 月	完成，20 分 50% 以上员工达标，10 分 50% 员工的不达标，0 分
	出单率	10%	80% 的人出单	实现，10 分； 70% 以上，5 分； 70% 以下，0 分
	团队编制达标率	15%	达标为 80% 以上	实现，15 分； 70% 以上，10 分； 70% 以下，0 分
业务员	销售额	45%	3 万以上	达到，40 分； 2 万以上，30 分； 1 万以上，15 分；1 万以下，0 分
	前端产品销售	30%	2 个前端产品	达到，30 分； 少 1 个，扣 15 分
	客户投诉	15%	无客户投诉	出现 1 次，扣 5 分； 严重投诉，0 分
	流程通关	10%	流程通关达标	通关，10 分；未通关，0 分

第一是销售额占30%，到账时先记分数，如完成2400万元记30分，完成2000万元记20分，完成1600万元记15分，完成1200万元记10分，完成1000万元记5分，完成950万元以下记0分。没有进行数据化管理的时候不是这样做的，以前你的业绩是多少，给个数就可以了。

第二是利润率也要数据化，利润率是20%叫税前利润，少一个点扣1分。5%以下的利润，20分就没有了。

第三是前端产品销售占10分，每月销售前端产品累计多少是多少分，少多少是多少分，规定得非常清楚。

第四是营销系统的建设，形成手册并培训，做到了记多少分，做不到记多少分。

第五是团队建设及干部数，人数达标，核心干部达到编制，单月30万元的总监4名，单月20万元的经理4名，按照要求完成记20分。

……

学习了这个工具之后，你要适当地根据自己公司的情况进行调整，看哪个指标适合你的公司，哪个指标要调一下，还有哪些数据要改。比如我们公司是每月1号财务要把上个月的全部数据做出来，假如你的公司不是1号而是5号，那就改成5号，这没有什么关系。

销售数据化的核心是：第一，业绩目标清晰；第二，团队管理指标清晰；第三，利润或产品销售权重清晰。

利润数据化

表14是我们公司用了好几年的利润简表。当然，你可以告诉你公司的财务，每个月给你个月报就行了。利润数据化要求每天公布销售数据，每月公布事业部利润，每季度公布集团公司利润。把公司每

个季度的利润搞清楚，把各个事业部、各个子公司每个月的利润情况搞清楚，这就是数据化。

表 14 利润简表

编制日期：____年____月____日

行次	项目	A 产品	B 产品	C 产品	合计
1	营业收入：				
	华东大区销售收入				
	华北大区销售收入				
	华南大区销售收入				
	西南大区销售收入				
	代理商销售收入				
	渠道收入				
2	营业成本：				
	人员提成				
	市场费用				
	生产成本				
	服务成本				
	赠送成本				
3	营业税金及附加				
4	营业净收入				
5	费用总额：				
	其中：营业费用：				
	短信平台				
	差旅费				
	网站				
	提成				
	业务宣传				
	招聘费				

（续表）

行次	项目	A 产品	B 产品	C 产品	合计
	画册				
	会务费				
	返点				
	奖励				
	运费				
	培训费				
	制作费				
	其他				
	工装				
	管理费用：				
	工资				
	代理费				
	电话费				
	装修费				
	交通费				
	办公费用				
	招待费				
	低值易耗品				
	工会经费				
	水电费				
	房租				
	保险				
	固定资产				
	税费				
	福利				
	折旧				
	其他				

（续表）

行次	项目	A 产品	B 产品	C 产品	合计
	财务费用：				
6	营业利润：				
	加：营业外收入				
	减：营业外支出				
	减：风险提留（5%）				
	减：发展基金（5%）				
7	本季利润：				
	减：人员分红				
8	税前利润				
	减：企业所得税				
9	净利润：				

董事长：　　执行总裁：　　项目负责人：　　制表人：

资产数据化

表 15 是资产简表，这个资产表和公司财务部的资产表不一样，这个表更简单易懂。看完本书，你的公司财务人员的工作量将增加 100%，你知道为什么吗？这是因为以前他们太幸福了，没有人要求他们要数据化。

表 15 资产简表

编制日期：___年___月___日单位：___元

资产	金额	负债和所有者权益（或股东权益）	金额
流动资产：		流动负债：	
货币资金		短期借款	
短期投资		应付票据	

（续表）

资产	金额	负债和所有者权益（或股东权益）	金额
应收票据		应付账款	
应收股利		预收账款	
应收利息		应付工资	
应收账款		应付福利费	
其他应收款		应付股利	
预付账款		应交税金	
应收补贴款		其他应付款	
存货		其他应付款	
待摊费用		预提费用	
一年内到期的长期债权投资		预计负债	
其他流动资产		一年内到期的长期负债	
流动资产合计		其他流动负债	
长期投资：			
长期股权投资		流动负债合计	
长期债权投资		长期负债：	
长期投资合计		长期借款	
固定资产：		应付债券	
固定资产原价		长期应付款	
减：累计折旧		专项应付款	
固定资产净值		其他长期负债	
减：固定资产减值准备		长期负债合计	
固定资产净额		递延税项：	
工程物资		递延税款贷项	
在建工程		负债合计	
固定资产清理			
固定资产合计		所有者权益（或股东权益）：	

（续表）

资产	金额	负债和所有者权益（或股东权益）	金额
无形资产及其他资产：		实收资本（或股本）	
无形资产		减：已归还投资	
长期待摊费用		实收资本（或股本）净额	
其他长期资产		资本公积	
无形资产及其他资产合计		盈余公积	
		其中：法定公益金	
递延税项：		未分配利润	
递延税款借项		所有者权益（或股东权益）合计	
资产总计		负债和所有者权益（或股东权益）总计	

企业负责人：　　　　主管会计：　　　　制表人：

报表日期：___年___月___日

资产数据化要求根据资产定战略进行企业规划。很多老板遇到有人借钱，听说人家要借一两千万元，觉得不是什么大数目，没有算资产就把钱借给人家了，结果使得自己公司的运转出现问题；很多老板去贷款，结果越贷越多，最后资不抵债……这些问题都是由于老板不了解自己公司的资产所造成的后果。

我们这里讲的数据化管理包括8个项目，目标是1年，分别是薪酬数据化、目标数据化、业绩数据化、人才数据化、客户数据化、销售数据化、利润数据化、资产数据化，并且为这8个项目分别配了工具表单。这些都是企业操盘手在内容管理上的方法。我们的目标非常简单，就是想让你的企业发展，发生本质的、系统化的改变。

作业：

❶ 企业操盘手有哪些重要的任务？你是怎么做的？

❷ 根据提供的企业操盘手在内容管理上的方法和一些工具，不妨想一想，你做得怎样？又是如何做的？

02

第二章 战略规划：有愿景，企业才有最好的未来

一、精准定位为企业保驾护航

❶ 国际化标准 + 中国元素

在中国做企业，定位的一个重要标准是国际化标准 + 中国元素，中国元素是指无论怎么做都要考虑中国人的优势。

在中国做企业和在外国做企业有很大的不同，当你经常到全球各地去的时候，你就会发现在中国做企业的机会很好。比如韩国，人太少，所以韩国人做生意跟中国人做生意的方式和思路是不一样的。韩国人从来不会开其他国家生产的汽车，手机也是只用自己国家生产的。三星的销售额占韩国国民生产总值的 22.3%。也就是说，韩国 5 个人里就有 1 个人与三星有关系。这是国民特征和区域特征导致的。

中国是个大国，机会太多了，只要敢做，只要学会一些技术，只要努力了一般就会赚钱。在中国做生意不需要有太多创新，只要牢牢地记住：**在这个世界上谁做得最棒，站到他的肩膀上就可以了。**

中国最好的搜索网站是百度，但是很明显，百度是跟谷歌学的。谷歌人从心里看不起百度，但是百度确实做得很好，谷歌在中国市场上明显不如百度。谷歌做的是全球化，百度是谷歌做什么，它也做什么。虽然现在百度也创新了，但是如果开始没有站在别人的肩膀上，还谈什么创新？

企业家们一定要用最快的发展方式，来看看这个世界到底发生了什么，因为很多企业家都是关着门在研究新闻。比如我一个非常好的朋友研究出了一个小儿生蛋机，就是把一个鸡蛋放在机器里面，21天后变成了小鸡。他做这个就是为了教育孩子小鸡是如何出生的。他问我能不能帮他把这个机器卖掉，我说这个玩具在丹麦、美国都有，他只需要考察一下，回来改进一下就行了，没有必要关着门自己研究。

比如在中国开餐厅，掌握了国际化标准 + 中国元素的原则就很容易成功。在河南开餐厅，把河南烩面、各种菜系都做好，然后加上国际化的管理标准就可以了。

北京有一家餐厅，10多年前这家餐厅是一个大排档，现在在北京有90多家门店，每个月还在开新店。这个老板去周游世界，发现要开餐厅，饭首先要做得很好吃。其实，他们已经做得很好吃了，但是为什么做不大？因为他们的餐厅环境没有用世界级的标准，环境服务都是“土老帽”。于是，这个老板把餐厅的整个装修进行了改变，用四星级的装修标准来装修。菜品是发现谁的菜好吃就学着做，价格便宜一半。北京最有名的餐厅叫全聚德，全聚德卖烤鸭他也卖烤鸭，他的价钱比全聚德便宜很多。他能挣钱吗？能。因为他有流水量，并且装修风格简约，容纳率高。

我们公司没有学习中国任何一家培训公司，因为中国的培训公司做到顶端都做不下去了，所以我们做了管理技术。我们公司有个导师做 IDM，IDM 在中国最小的顾客是 1000 万元以上的咨询单。我的一个学员报 IDM 做咨询，价格是 1900 万元。我说 1900 万元的单对于 IDM 来说就是一个小顾客，他们不会拿最核心的咨询师给你做咨询的，IDM 的单平均是 3000 多万元的。后来我们发现，民营企业是不可能找 IDM 做咨询的。我们把 IDM 的管理思想、制度方案，通过改革变成课程，变成系统，变成软件，就成就了今天的长松咨询集团。我们和 IDM 在中国的业务差不多，但我们比他们辛苦，因为我们要担心更多的问题。

一定要记住：你的企业不是一个小公司，而是一个国际化的公司。你的生产厂如果在河南，一个员工的工资是 3000 元，如果在越南，一个员工的工资是 1500 元，那么你一定要到越南去开厂子而不是在河南。全球的资源，哪个地方成本低就要去哪里，哪个地方市场好就要去哪里，没有人限定你要成为什么样的公司，是你自己把自己给绑定了。优秀企业从来都这么做，哪个地方的成本低，它们的工厂就在哪里；哪个地方技术好，它们的科研就在哪里；哪个地方的市场好，它们的团队就在哪里；哪个地方的金融好，它们的资本就在哪里。我们首先应该要有这个意识。

所以，我的培训班在美国、新加坡、日本都有。我为什么这么做呢？你出国去看一下就知道原因了。我表哥和我一起去美国，有时候他就感叹，中国一百年都超不过美国，我说我同意，因为美国对人才的态度与中国太不一样了。

我要告诉你的是，全球的资源你不用就会被别人用了。在越南做鞋子比在中国做鞋子的价格便宜，你不到那儿做，美国人会到那儿做，德国人会到那儿做，西班牙人会到那儿做，就会把资源用完了，而资源就这么多。所以哪个地方资源好就去哪里。心要先解放了，然后精准定位，要国际化的标准+中国的元素。这样，当你的企业接受全球最正宗的洗礼，或在最先进的地方接受洗礼的时候，你的企业成长也会最快。

有次在天津卫视的《非你莫属》节目上，有一个小伙子要找工作。老板问他："你对上班地点有什么要求？"那个小伙子说："有，去北京。"老板说："你为什么非得去北京呢？在北京你没车没房，并且根据现在的政策也很难买车买房。"那个小伙子回答："北京是神奇的地方。"

他说北京是个神奇的地方，值得他在那儿漂泊，那北京究竟哪里神奇呢？通过这个案例，我不是要告诉你北京有多好，至少北京的空气肯定是不太好的，而是要给你带来这样的启示：**有时候困难是挡不住的，迎难而上，或许能够抓住好机遇。**

国际化的标准+中国的元素是定位的重要理念，你要用这个理念来指导你的企业。我建议大家走出去，多看看同行业最先进的企业是怎么做的，可能你会发现自己其实也不差。

在美国房地产协会邀请我讲课的时候，我见到了一个朋友，他愁眉苦脸的。我直接告诉他，做汽车办公室在美国是最好的机会。什么叫汽车办公室？就是车里面可以不装传真机，因为苹果手机是可以当传真机的，但一定要有打印机、电脑、合同、保险箱、支票、零钱、香槟。带香槟干什么呢？比如有人今天跟你签完合同，你就可以开瓶香槟庆祝一下。

这就是汽车办公室，在汽车里把一切事全都办完了。这就是一个赚钱的好机会。可能这种模式在国内很少见，但是在美国却很常见并且可以赢利。

据说某运动品牌服装公司2012年亏损了20多亿元，原因很多。最重要的原因是这家公司早就应该成为国际化企业。你看耐克什么时候说自己是美国的企业？世界上做服装最多最赚钱的是意大利和西班牙的企业，但是它们都强调自己是国际化的，而不是局限于自己的国家。

其实这家公司早就应该到越南去，到印度尼西亚去，到菲律宾去。作为一家公司，一定要记住，第一要为客户谋福利，第二要为员工谋福利，用好全球资源。比如北京的公司、工厂明明成本很高，还在那儿耗着，这是何必呢。

当你的内在从虚幻缥缈的使命感中解脱的时候，你的真正能量才能爆发。很多人很有使命感，我特别能够理解，你想要造福一方水土，但那不是你的事，你的事是先把企业造福好。企业要做成一个大品牌，再谈为国争光也不迟。现在，谁又敢说三星没有为韩国争光呢？

❷ 管理系统＋文化信仰

定位的第二个标准是，管理系统＋文化信仰。这是从管理学上来说的。不要相信一个人的经验，经验对人确实有很大帮助，但是经验也会成为障碍。要相信制度，**一个企业要把建设制度当成非常重要的使命。制度的沉淀是企业强大的标志，企业不能只靠人去管理。**什么时候制度会受影响呢？就是老板这边建了制度，那边又把它打破的时候。

❸ 数据化运营 + 科技研发

定位的第三个标准是，数据化运营 + 科技研发。企业发展的趋势将从低科技的老板营销过渡到以文化信仰为主导、科技产品领先为主导、系统服务为优势的全球化竞争。也就是说，一个企业的对手根本就不是左右邻居。

很多过去很有效的方法，过几年就不灵了，比如你连网络营销都不懂再过 10 年怎么办？马云在一次发表讲话的时候说，“我们根本不怕任何一个网络营销者，我们一天卖 12900 台海尔洗衣机，把海尔的 30 个生产线全部拉光，去年的销售额是 1 万亿人民币，一个光棍节卖了 191 亿人民币，10 分钟卖了 1.3 亿人民币”。

全球快速消费品在超市 80% 的商品都是有限的几个企业生产的。不管是百事可乐，还是汰渍洗衣粉，还是雀巢的咖啡、奶粉，都是有限的几个企业生产的。这些企业没有一个是中国的。所以你的直接竞争对手是全球化，没有河南跟河南竞争，山西跟河南竞争的。

我们先来看一下百盛这家公司，肯德基、必胜客都是百盛旗下的店，你可能在超市里面见过很多它的商标，有的商标甚至翻译成了中文，你可能根本不知道它是外资企业。

有一家河南省最著名的企业找我们做咨询，我们报完价后老板心情非常愉快，他说：“贾老师，我最终的命运会是什么？”我说：“你最好的结局就是被一家外资企业收购。”他说：“为什么？我要创造一个和他们并肩的品牌。”我说：“我特别尊敬你的理想，特别为你的理想感动，但是总会有一天别人给你一张支票，你准备要多少钱让你自己写。”徐福记被外国人收购的时候，人家就没跟他们谈判，给了他们一张支票，让他们写数字，老板下定决心写完以后，人家说同意。为什么对方这么快同意了？因为比他们想象的少写了一亿元。

这家著名的食品企业最好的命运是被国外的公司收购，这就是可怕之处。因为他们不能很好地进行研发，也没有全球化视角，空有一腔热情是做不好企业的。

二、精准定位应遵循的三大原则

❶ 定位就是做减法

你想不想培养孩子的自信心？想培养孩子的自信心就把他的学习班从 5 个变成 1 个。我女儿在 4 岁之前不太爱说话，我们家如果来了客人，她就非常警觉地看着人家。她基本上一天说话都不到 20 句，并且还不和我说话，她主要的沟通对象是她妈妈，让我这个做爸爸的很痛苦。

我要对孩子进行改造，所以就开始学习如何做一个好家长。

以前她上很多学习班，但后来我只让她上一个，定位发生了改变。由于之前学习班多，她身体比较虚弱，晚上不睡觉，早上不起床，我必须得让她运动。她跑步会占用我的时间，因为我不陪她跑步她就不运动。后来我就让她打球，我陪着她打，结果我从一个高尔夫打得不怎么样的人，变成了一个打得还不错的人，而她现在对高尔夫的各种规则也都非常了解。

有次下暴雨，我问她：现在外面下暴雨，咱们家外面水这么深了，你去不去训练？她说她要训练。我问为什么？她说：你不是告诉我，爽约是不诚信吗？于是我们就开着车去了。整个球场没有一个人，教练爽约了。我们在那儿打了 400 个球。

第二天教练来了，教练向她道歉。

她上的是个国际学校，全校 400 多个学生，校长问谁有胆量介绍自己的优势，她就跑上去了，说她会打高尔夫球，于是她成了校长的球友，和校长一起打。现在，我发现她自信过度，就又在学习如何降低孩子的自信心。

定位就是做减法。做企业也是这样，不要什么都做，什么都做是会出问题的。比如我的产品当中，销售量最好的是《成交》，这是营销中的一个模块，中国大约有 3 亿人在看这个光盘。但是我没讲过一天这门课程，因为我要给顾客留下一个印象，让顾客知道我是主讲什么的老师。我是一个讲组织系统战略的老师，不是讲营销的，即便会讲营销也不讲。我现在在写一本书叫《销售论》，但是我不讲这门课，因为我有我的定位，讲这门课会影响我的定位。

❷ 定位就是做印象

你说你很好，但顾客说你不好也不行，因为关键要看你给别人留下了什么印象。凡是在中国房地产做得比较棒的公司，在印象管理上都非常好，比如万科、龙湖、万达，印象定位非常清晰。万科就是一个城市群综合体，很早就给别人留下了这样的印象，所以它的房子不愁卖。很多公司还要打广告才能卖出去，就是因为定位不清晰。

❸ 定位就是做标准

始终要成为行业标准的制定者，这样很多资源都会向你的企业倾斜，使你的企业一直保持领先。企业定位是指企业通过其产品及品牌，基于顾客需求，将企业独特的个性、文化和良好形象，塑造于消费者心目中。比如，品牌定位就是企业等于什么。**企业定位即给公司贴标签，做标准管理，与众不同的公司形象定位可以带来正能量。**

三、开启商业新模式的十把金钥匙

定位的方法总共有十种：行业代名词、第一法则、代表行业趋势、客户价值、拥有独特优势、发展步骤法、产业宽度法、技术领先、突出产品、特色服务。

我们不妨来思考一下这十种方法，说白了就是要知道：我是谁、我的优势是什么、我能提供什么产品、我的客户是谁、我的价值是什么、我如何与客户合作等问题。

以我自己的公司为例：

我是谁——长松咨询集团

优势——企业管理系统建立、企业数据化管理

提供产品——前端产品为工具包、操盘手；中端产品为系统

班；后端产品为系统解决方案

客户——中国的民营企业，以及进行系统改革的其他企业

价值——通过合作，帮助企业建立第一代管理系统

找到客户——团队营销、网络营销、OPP营销

定位——中国最大的管理系统方案解决供应商

❶ 行业代名词

如何做定位，第一个办法是要做行业的代名词。大家知道 Jeep 企业主要是生产吉普车的，但是后来 Jeep 成了越野车的代名词，所以这个公司的定位就是行业代名词，它不做小汽车，不做大客车，是专做越野车的。

比如可口可乐，最早是没有可乐这个产品的，后来喝的人多了就把可乐变成了产品系列。现在有些山寨产品，就是想打行业代名词的主意。有个产品叫口可可乐，包装和可口可乐完全一样；我有次买了一瓶雪碧，结果仔细一看不是雪碧，而是雷碧。

如果大家想到这个行业第一个会想到你，那你的企业的价值就大。当你成为某一个行业的代名词的时候，销量数据就在那儿摆着呢。比如西装品牌非常多，雅戈尔在推广商务男装的时候，就不停地宣传自己的市场占有量有多大。

但是行业代名词并不是一下子就能做到的，需要一个过程。四川有一家企业叫威特龙，是做消防工具器材的，我和威特龙的老板在新加坡在一起待了六七天，经过反复分析，我们认为，这个行业现在还没有老大。所以，我们给四川威特龙做了以下定位。

四川威特龙，消防工具器材提供商，定位为“消防系统工程管理专家”，目标是成为行业代名词，终端定位为“云端消防”，宣传语为“人类不应再有灾难，但人类需要威特龙”。

什么叫云端消防？也就是说，我这边一失火那边就知道了，赶快来救。云端消防在国外是已经实现的。

企业要成为行业代名词，这是我们的愿望，我们非常希望企业能够在某一个方面或者是某一个领域当中，成为一个行业的代名词。其实有很多机会。比如美容产业，美容产业企业有很多，什么都要做的话是做不大的，但是你成为行业代名词之后，就能把全国的消费点弄过来。比如中国餐饮行业这么大，每个地方你都会想到一个饭店的名字，这个名字有可能现在管理不怎么样，却有久远的历史。但这些企业如果不及时抓住机会，它们的代名词地位就会迅速被别的企业代替。

❷ 第一法则

“如果没有老大，我就可以做老大；如果权威没有说谁是最大的，我就是最大的。”

2008 年至今长松咨询集团也是最大的，我们舍弃了很多培训项目，专注于组织系统培训。当时我是 13 个大学的 EMBA 教授，其中有一个大学的院长请我吃饭，问道：“贾老师，你们公司做什么产业？”我说：“做系统管理咨询。”他说：“能排第几？”我说：“第一。”他说：“全国总共有多少家做这个产业的？”我说：“一家。”他说：“那怪不得是第一呢。”我说：“这就叫定位。我**不在大池塘里面做小鱼，一定要在小池塘里做大鱼。”**

做企业最忌讳的就是什么都做。现在有很多做家具的企业，其中有一家企业叫尚品宅配，30% 的市场份额被这家企业抢走了，它做的就是 020 模式[①]。

我买了一个房子，面积100平方米，于是我画了图，传到了尚品宅配的网上。该摆什么家具，什么颜色，什么材料，什么风格，我把要求都说了，这家公司就开始让设计师设计家具，他们从中找到最合适的与我签约。

尚品宅配没有聘请哪个人做市场，020模式直接把这个步骤省略了。尚品宅配用的是全球的设计师，找的是全球的顾客。你把房子户型图给他们，他们就有设计师为你设计，设计完，佣金都可以直接在网络上支付了。

他们可能和研发者、产品制造者都没见过面。他们把全国的设计师通过 020 的模式整合，让他们设计，被客户采纳之后，再跟设计师谈佣金的事情。

再如买化妆品也可以不用再到门店里买了，到网上去买就行了。网络上怎么买化妆品呢？客户都到网上看，网上有各种名人使用化妆品的秘诀。客户看到名人是怎样用的，用了哪些化妆品，于是就在网上选择

① 020 模式，即 Online To Offline，指将线下商务的机会与互联网结合。

产品，支付货款就行了。商家根据消费额，给名人支付版权费就行了。

更可怕的是，有些化妆品品牌连这些名人或是专家都不用，只是依靠网站的宣传。所以将来的组织形式一定会打破，现在的技术部、生产部再不进步肯定会被淘汰。没有功劳也有苦劳的时代早就过去了。每个人的资源都是扁平化的，就看你会用不会用。

我在微博上在全球范围内招聘咨询师，只要能给我做好咨询，不管你原来在哪个公司，在恰当的时间，恰当的地点，给我恰当的价值就可以了。我可以和最大的竞争对手竞争，这就是时代扁平化造成的结果。这就形成一种挑战。但时代发展就是这样的，你必须得开放。

在网站上连做饭、做菜都是可以开发的。做了菜，可以卖菜谱。有好的厨师就可以进行研发，因为有固定的做菜方法，必须用多少油，必须放多少佐料，必须用哪几种佐料。

我哥哥是厨师，是厨师学校的老师，我说他做饭不好吃，他做饭是按套路来的，油、佐料都比较重。我说我认为的好吃首先是我的胃要接受。他说那不可能，厨师不是那样做的，厨师是按照固定的比例做的。

当权威没有说谁是最大的时候，你要勇敢说自己是最大的，虽然你可能并不是最大的。但是，你要让你的团队利用这个机会变成最大的。

我在东北有一个朋友是做铁门的，他问我，他的定位应该是什么。我说最大的铁门制造商。他说他现在不是。我问他现在第几，他说好像第三。我说最大的是谁，他说了一个企业名字。我问政府有没有给那家企业颁发过相关认证文件？他说没有。我让他在飞机场打出广告说他的企业是最大的。他说自己心里没底气。我让他先把口号喊出来，如果别人求证他是不是最大的，会消耗他们很多能量，他专心做自己的事情就行了。

于是他在机场打了一个广告，说自己是东北最大的铁门制造商。

转眼间三年过去了，这家企业已经远远超过了原来的第一名。后来他来找我，问我："贾老师，为什么我要成为第一名？"我说："胸怀和格局。"拼就要拼胸怀。所以我们一定要大胆喊出自己是最大的。这会让全体员工有一种使命感，这种使命感会催着企业成为最大的。

比如内蒙古的一家企业叫蒙都羊业。这家企业原来的定位是做世界级的有机羊。这个定位有没有问题？

我要提醒大家的是，美丽的和大的，不一定是有效果的。**做生意一定不要把漂亮的东西做到最好，而是应该把有效果的生意做好**。有好多人在经营事业的时候，老弄一个漂亮玩意儿，还赚不到钱。就拿这家企业来说，定位看起来很好，但是仔细分析是有问题的。下面我具体告诉你有什么问题。

现在的企业家一定要弄明白三个名词：无公害、绿色、有机。这三个名词很容易被大家搞混。其实，这三个名词的档次差别是非常大的。

什么叫无公害？比如一头羊在临杀前一个月停止用抗生素，让它自身通过代谢把病菌排出体外，这叫无公害。无公害相当于经济适用，吃了无公害的肉也就仅仅达到了最低标准。从原则上来说，我们对于任何食品的要求都应该是无公害的。我们是不应该在商店里卖任何有公害的食品的。所以，无公害是对所有食品的要求。有的企业宣传说自己生产的是无公害蔬菜，其实这是在害自己，因为所有的蔬菜都应该是无公害的。

什么叫绿色？食品也好，蔬菜也好，都有严格的国家标准，比如农药，有有机农药，很难代谢出来，如溴型聚酯。有机农药的杀虫原理就是保证动物的蛋白质代谢，导致虫子兴奋致死。但虫子在死后一段时间是排不出来的。人吃了感觉不到，因为它含量比较少。所以绿色的标准是对哪些药能用，哪些药不能用的规定。绿色目前的实现率只达到 1% 左右，也就是说 99% 的产品都不是绿色的。

而有机的要求非常高。想实现有机比较难，因为有机首先对土地的要求比较高，比如含汞量、含铅量等，要求在菜上不打药。我们离真正的有机还是有很大的距离的。

蒙都羊业定位要做“世界级有机羊”，这说明这家企业在做一件用时间加速也无法实现的事情。我跟这个老板说，他是想做别墅，不想做经济适用房。为了结合市场，这家企业的定位需要重新调整回来，调到民生。肉类已经有了第一品牌，就是河南漯河的双汇集团。目前它不仅是中国肉类第一大品牌，也是世界肉类第一大品牌。但羊肉还没有第一品牌，并且未来羊肉的需求量巨大，所以我们把这家企业的定位调整为“开创中国羊肉第一品牌”，倡导的理念就是“我是一只有户口的羊”。

要迅速占领客户的第一心智，走进客户的心里，客户就很难忘掉你。现在我们一般会到哪里网购？很多人都到淘宝上买东西，我也到淘宝上买东西。我以前是不网购的，受我老婆的影响才开始网购的。我老婆说这样就不用我往商场跑了。我一算账，发现到商场一次要多花 200 元，我要开车去，开车回来，还不算时间成本。于是，我就开始学习网络购物，发现购着购着就到淘宝天猫上去了。虽然网络的销售有很多，但还是习惯性选择淘宝网。搜索也是，习惯了百度。这是因为它们都迅速地占领了客户的心智，客户想改一个习惯是非常难的。我们也发现，新浪微博就比较好，因为它出现太早了，用户已经用习惯了。目前有很多产品没有老大，或者说老大本身不知道自己是老大，这个时候你就要迅速占领客户心智。

❸ 代表行业趋势

关于这个方法，我以房地产行业为例，着重介绍一下房地产行业发展的趋势。如果你看明白了房地产行业发展的趋势，我这里所说的方法你也就知道怎么用了。

美国的房子和中国的房子有很大的区别。美国的房子分为别墅、联排别墅、公寓，也有经济适用房。他们建房子是有一个规律的，我们先来看一下他们的城市规划流程。

第一， 先规划一个城市的人口。比如洛杉矶下面有个城市，规划的就是 3 万多人。

第二， 根据城市人口规划住宅面积，包括绿地面积、住宅面积、教育面积、运动面积等。

第三， 根据住宅面积规划容积率，得出本市的别墅、住宅数量等。

第四， 根据容积率规划下水管道、道路的宽度、电源线容积、网络线容积等。

第五， 根据以上数据规划教育、体育、商场等配套设施。

在欧洲、日本，房子也都是这样建设的。

我们再分析一下中国的房地产建设情况。比如河南省郑州市的最大人口容量是 500 万人，超过这个容量就会造成拥堵，比如堵车，无论怎么拓宽马路，无论怎么建地铁，都难以解决，最好的办法就是把人分流走。我们不能为了拓宽马路，一直拆房子吧？在中国的其他城市更麻烦，比如北京更堵，于是不得以限制户口，限制购房、购车。

很多城市都是先买地建房子，本来规划的是6层楼，后来改成36层楼；本来规划的是180平方米的大户型，后来改成49平方米的小户型。于是一个大社区其实相当于一个县城的人口，一栋楼就相当于一个村，几栋楼就相当于一个镇。可以想象，它们的幼儿园在哪？小学在哪？中学、大学在哪？路有多宽？要消耗多少资源？这些都成了问题。

我国很多城市根据人口需求的住房套数、水管、下水道、教育等配套设施严重不足。拿成都来说，在30公里外，就能看到6个大字“国际会展中心”。成都需要这么大的会展中心吗？它占用了多少万亩的土地？成都的地质结构是下面全是水，水上面是软土，地下就像淤泥地一样，有可能会越来越往下沉的，建过大规模的建筑可能有危险。

房地产企业发展的路径

第一代：超出国家标准的建筑

房地产规划除了地基规划外，还要有平面规划。有个房地产老板对我说他对中国的房地产行业很悲观，我告诉他不要悲观，我个人认为中国的房地产行业形势还是一片大好的。因为中国的第一代房地产就是超出国家标准的建筑。北京的住总集团就做到了。

为什么现在很多房地产公司做不下去？因为它们把房子交给了包工头。包工头只会给别人送礼，做的不是企业，做的是投机。要想真正做企业，就应该像万达集团一样去学学做策划。

第二代：艺术化建筑

中国的房子最大的特征就是不美，特别难看，奇形怪状的。我也奇怪了，建筑商从来不关注房子美不美。建筑商关注的第一个问题就是盖房子的地能不能批下来，第二个问题是银行能给多少贷款，第三个问题是有没有人买，至于房子美不美，他们根本不去关注。

我所说的中国的房子不美，不是说某一个地方房子的不美，我想表达的是中国的房子统统不美。不美的原因是这些房子都是一些生活在基本生存线的人盖的，设计师的工资也不高，建筑商的文化层次比设计师的层次更是低多了。

我一直说，一个服装行业设计师的年薪至少应该占这家企业利润的10%～20%。一个连小汽车都没有的人，能设计出完美的车库吗？有人问我女性如何学化妆，提升修养和气质，我说根本不用学，你跑到香奈儿店、普拉达店、迪奥店里闭上眼睛挑衣服，挑完一穿自然就美了。你有想过为什么吗？简单来说，迪奥的一个设计女士裙子的设计师年薪至少800万美金，他在设计的过程中，一年中有三四个月，甚至八九个月在全世界各地旅游，这样他的见识、他的思路肯定不一般。

如果每天都只能顾温饱和生存，能设计出来好东西吗？谁都知道这是不可能的。没有高贵自由的心灵，怎么能自由地设计出好的产品？虽然都是为了卖出去，但这样下去，我们能感觉到这是非常可怕的。所以你应该思考，什么才是你公司最宝贵的资源。

第三代：能源式房地产

能源式的房产讲究的是效率，如何使能耗降低。

第四代：物联式房产（云端房产）

比如我在办公室上班的时候，手机突然来了一条短信，说有小偷进入了我家。我用手机远端遥控，我家的门窗就全部自动上锁，小偷想跑也跑不了，然后我再报警就能把小偷擒获。我的手机会和我的房子链接起来，这就是物联式房产的概念，这种概念5年内一定会实现。我最近参观了很多建筑，将来物联式的房产的玻璃会根据气温的变化自动调节打开的大小，屋里的温度、湿度全部物联化。

中国的房子现在还在第一代上努力，所以未来的市场潜力太大了。

谁引导趋势，谁就站在时代的顶端。比如诺基亚发展不好了，苹果公司又跑了出来。有一天苹果公司也可能会发展得不好，到时候还是会有新的公司出来。大家会发现，很大一批人从去年还疯狂地迷恋微博，现在又转移到了微信上。谁引领未来的趋势，谁就会在你追我赶中取得冠军。千万记住，你的内心不自由，思想不解放，一定会被竞争对手淘汰。淘汰你的人，也很有可能就是原来给你打工的人。没有哪个公司可以永久存在，我们只有跟随着未来时代的潮流前进。

未来的很多趋势可能被我们打造出来，如果我们不去改革，不去适应新环境，还是在老的环境下自以为自己是老大，这是很可怕的。

即便是一个非常优秀的企业，无论科技怎么蓬勃发展，企业也仍需要做一些产品的定位、形象的定位、公司的定位。你要是经常逛商场就会发现，不同的人买的东西不同，比如西装品牌中，比较著名的男西装品牌有两个：一个是阿玛尼，一个是杰尼亚。在中国更多的是艺人穿阿玛尼，商务人士更多穿杰尼亚。像普拉达这种女装都是职场的人穿，香奈儿就偏时尚了。所以即便是非常卓越的品牌，也会有自己专注的领域，把自己擅长的领域做到极度完善。

❹ 客户价值

江涛日化是浙江日化产品代理商，这家公司原来定位为“中国最大的化妆品代理商”。

未来化妆品行业的发展趋势是：做品牌、做终端、做网络。于是，这家公司的战略调整为“线上+线下的化妆品终端零售商”，模式为O2O模式，即消费者提供产品化妆方案，企业搭建网络平台，消费者再进行消费的模式，定位变为“成熟女人的化妆世界”。

这家公司战略制定的办法是：

（1）原战略继续执行，启动新战略。

（2）把原战略不断做深，成为第一。

（3）把原战略做精的同时，以原战略为中心，做边际战略。

这家公司的目标是：今天的奢侈品，一定会成为明天的日用品。

任何时候，对客户到底有什么帮助和价值，产生了什么价值，都是企业研究的一个非常重要的主体。

厂家的产品通常有三个办法可以到达客户的手中。

第一种，“总代打法”。

比如食品企业、服装企业、房地产企业都是这种打法。厂家先找一个总代，比如各省的总代，总代再找代理商，代理商再找代理商或者是门店商，然后到客户的手中。比如一套衣服从厂家出来以后，基本上是4折到总代，总代赚1.5折，最后到客户手中，门店挣点差价。

第二种，“自助餐打法”。

比如以统一、康师傅等为代表的企业，就是这种打法。康师傅把中国大陆的好多产品打得噼里啪啦，因为其渠道建设和“总代打法”不一样，康师傅直接找到倒数第二级代理商，由代理商直接找门店到终端，就省掉了两级。

所以台湾的食品企业打得非常厉害。台湾的食品企业不但打得厉害，而且全球闻名，比如台湾地区的上岛咖啡，在大陆做得非常好。台湾地区的鼎泰丰小笼包，在新加坡也卖得非常好。

第三种，“直通车打法”。

这种打法以可口可乐为代表，是直接到达终端，从终端到达消费者。中国的企业制定政策是要照顾代理商的感受的，尤其要跟几个代理商“大佬”一起制定政策，所以政策改革不像美国。一年又一年，如果你要是改变的话，就得为所有的代理商着想，过去为你打下江山的这批人都要安抚好。如果安抚不了怎么办？那就要有妥协的政策。所以我在给大量企业做咨询的时候，遇到的第一个问题就是从“总代打法”向“直通车打法”过渡的时候过渡不了。不过现在这三种打法都有可能被颠覆。因为网络时代的到来，代理商如果不进行自我修复和改革，在如此透明的前提下，他们的收成空间何在？

还是以前文的化妆品公司江涛日化为例，它一开始的定位是做化妆品的最大代理商，很显然在十年前提出这个战略是可以的，但是现在提出这个战略实现的难度非常大。这家代理商要想一直做下去，必须得是1+1模式。

什么叫1+1模式呢？前文提过，战略制定的办法有三种：第一种方法是原战略继续执行，启动新战略；第二种方法是把原战略不断地做深，成为第一；第三种方法是把原战略做精的同时，以原战略为中心，做边际战略。1+1 模式就是：第一种战略是原战略做到已经赚钱了，但是赚得不多，那怎么办？你可以继续做，并启动新的战略；第二种战略是不断地把原战略做深做厚，把原战略做精的同时，再围绕着原战略画上圈圈，不断地增加其他战略。

未来化妆品行业有三个发展趋势：

第一个趋势是做品牌。

没有品牌的化妆品谁用啊？今天的奢侈品，一定会成为明天的日用品。这是流行的一条法则。今天宝马、大众、奔驰满大街都是。以前我们小时候，别说是奔驰车了，路上有拖拉机经过，小孩都要跟上去看看。

中国的车目前比较贵，在未来的社会中，中国的车将会非常便宜，便宜到跟国际价格一致。比如保时捷卡宴在美国卖 6.9 万美金，大概是 42 万人民币，在中国大约卖到 180 万人民币。奔驰 S550 在美国是 9 万美金，在中国大概是 280 万人民币。这是目前国内外车的价格区别。

第二个趋势是做终端。

我将江涛日化这家企业依据客户价值的定位改成：线上 + 线下的化妆品终端零售商。

做终端分为三个时代：

第一个是门店时代。目前还是门店时代，只要买商铺就可以赚钱。这个时代很快就会过去，大家会逐渐把门店抛弃掉。

第二个是网络时代。现在纯商铺不赚钱，没有太多人租你的房子了，卖东西的都跑网上去了。网络时代出现的问题也非常多，比如有卖假货的，买衣服没有办法试，等等。

第三个是网络加门店时代，也叫体验店时代。这个时代在 1 ～ 10

年内将到来。没有抓住网络时代一定会出现各种问题，但是总是陷在网络时代也不行。有些产业在网络上做不合适，还是要回到门店时代，而如果只坚持做门店也是不行的。门店时代落后于网络时代，但需从网络时代过渡到网络加门店时代。

现在苏宁电器的门店都不赚钱了，也在拼了命做网络销售。在中国做网络销售有一个特征，就是没有价格优势。那怎么办？不挣钱，就要从第一时代熬到第二时代，从第二时代熬到第三时代……为什么苏宁还在不停地扩张门店呢？因为它在从第二个时代在向第三个时代过渡。现在很多企业都还在第一时代，它们至少要走向第二时代，否则就没有出路，不管是哪个行业都没有出路。

第三个趋势是做网络。

比如前文提过的 020 模式，消费者提供产品化妆方案，企业搭建网络平台，消费者进行消费的模式。

❺ 拥有独特优势

所谓独特优势就是能够“一箭穿心”的产品。什么样的产品能“一箭穿心”？就是那些可以让顾客毫无抵抗能力，使用起来极致简单的产品。

现在做蛋糕不好挣钱，因为产品大量同质化，且非常严重。有一家企业叫美丽家，就是开门店做蛋糕的。这家企业原来的定位是什么呢？是“做中国第一家连锁蛋糕店”，做中国的网络蛋糕、连锁蛋糕，它规划了好几个产业。经过分析以后我们发现，这家企业做得再多也没有用，因为它没有独特的优势。怎么办呢？于是我们把这家企业的蛋糕定义为美丽蛋糕，定位为“时尚烘焙专家”。那么，这家企业的蛋糕怎么才能成为时尚的蛋糕呢？

第一，凡是15岁以下的孩子买蛋糕，特定款蛋糕中可任选择5款，以成本价销售，以培养未来的客户。比如一款蛋糕原价20元，小孩来买就只要3元。为什么这样做？因为这些小孩迟早会长大，这是在培养客户。培养10年以后的客户是企业目前非常重要的任务。

第二，15岁以下的孩子设计的蛋糕方案一旦被采纳，该孩子终生以成本价购买蛋糕。谁设计的产品最好吃、最漂亮？一定是孩子，因为孩子想象力丰富。这家企业的理念是“用心做的食品是美丽的，用爱做的食品是美丽家的。”凭借这些做法这家蛋糕店的特色逐渐凸显出来了。

企业如果没有独特优势，降价就是唯一的优势。这句话你一定要牢记在心。为什么很多企业说“没有办法啊，只能跟竞争对手拼价”，就是因为他们没有独特优势，所以只能拼价。

你的实力非常强，但是你的企业发展壮大的前提是产品价钱非常合适。如果我开一家餐厅，卖米粉15元一碗，那就会比卖30元一碗的餐厅有优势。但如果我想办法增加投入，就绝对不会卖得便宜。

在我国，你出30万元也有人给你做事，并且承诺的条款也非常多。但是我却坚持价格超过300万元才能做。

比如在我的战略班培训过的人都会知道，上我的一个培训班需要花超过10万元。我有一个课程叫“公司和系统”，偏向于公司系统战略，价格是219800元。我的课程最低的也得13800元，很多都是七八万元，让我低于一人1万元，是不可能的。那么有没有价格低于1万元的课程呢？有，而且我居然发现还有每个人只要500元的老师，他的课程价值非常高，但是他没有学生。因为他没有定位，没有定位就没有人追随。 定位的背后是什么？准确的定位能吸引行业精英资源与职业经理人，通过职业经理人进行营销，获得本行业具有消费能力的客户，从而达到价值与价格的双重丰收。

通过定位，我知道我的课程是什么，我为什么要涨价？我有2000名员工，几十位总经理，行业内我们的团队排到前4位，这样的公司的课程涨价很正常。

还有一位老师招收一个学员只要800元，在北京，讲4天。后来我就给他打电话，说跟他分享我的课程资料，让他把他的课程资料也跟我分享一下。我看完他的资料以后，觉得他的课程非常有价值，但是他身上缺乏必要的承担风险的意识，比如不愿意带团队，不愿意承担太大的风险，不愿意做一个公司，不愿意做高强度的事情，所以他只能一堂课挣很少的钱。**所以，想要做一个优秀的企业家，如果没有独特优势，降价就成了唯一的优势。要想不降价，必须找到独特优势做卖点。**

有一个企业老板叫黄鸣，很多人只知道他是做皇明太阳能的，不知道他还做房地产开发。山东德州的房价平均是4000元一平方米，但他的房子卖1800元一平方米，一下子就被抢完了。

他开发的房子有一个特征：都是大户型，一般都是180~300平方米。他的房子都有太阳能，你买了房子以后有免费的热水，同时房子本身就保温，所以他把太阳能加入房地产产业之后马上就火了。皇明集团后来打造了“太阳谷”[①]，这样个人都住在太阳谷，企业也都住在太阳谷，产能就会大幅度提高。

① 中国“太阳谷”，位于中国太阳城德州，占地3000余亩，是对太阳能生产制造、技术研发、人才培养以及相关配套产业支持的统称，是对太阳能产业集群的形象概括，规划建成集产、学、研于一体的世界太阳能“硅谷”。

网上有很多我讲课的视频，来源可能是盗版光盘。我可以通过一个法律文件就让相关网站把内容撤下来，但是我并没有那么做。因为我非常明白，我未来的客户是大学生们，他们现在都在学校里，将来会走向社会，有一批人会当老板，当老板之后可能就会买我的东西，所以我现在先养着他们。我必须得知道，10 年以后我的饭碗在哪里，所以我能够接受网上有我的盗版视频。

我们家门口有一个卖盗版光盘的，我一看还有《贾长松大全》，176 张光盘卖 6 元。那个卖光盘的看看我，发现我就是贾长松，卷起东西就想跑，我一把抓住了他，说“没事你卖吧”。他感觉很奇怪，就跟我聊天，说自己每天都担惊受怕，害怕被抓住。我说目前买盗版光盘的人，很多都是刚毕业，现在没有钱，将来有一天他们有钱了，他们会来上课的。你永远不要看不起拎着假 LV 包的女孩子，因为她们现在没有钱，有一天她们有钱了，她们一定会买真的。你应该看不起的是永远不拎包的女人。那个卖盗版光盘小伙子后来和我成了好朋友，他还跟我谈如何才能把盗版光盘卖好。所以，你要想知道 10 年后你的顾客是谁，你现在就要和他们打招呼。

有一款牙膏叫高露洁，它的广告主角一般都是小孩。在大街上，摆了一张桌子，有个穿着白大褂的人拿着东西对着牙模敲两下，结果敲破了，说这是没有用过高露洁牙膏的牙齿。然后拿着牙膏刷刷，然后让小孩敲牙模，小孩敲完没有破，那个小孩就记住了，用高露洁牙膏之后牙齿坚固。所以这个广告会对小孩产生影响，不是让小孩现在就用这个牙膏，而是让小孩记住这个牙膏，以后变成它的顾客。

有一款牙膏叫两面针，广告语是“一口好牙两面针”。2012 年全年销售额 3400 万元，但是它没有做客户培养，结果小孩子一般不用这款产品。

没有独特优势的企业，挤也得挤出一个独特优势来，找也得找出一个独特优势来。你不妨想一想，你有没有“一箭穿心”的产品？有家培训公司的“一箭穿心”产品叫“赢利模式”，这个产品卖得最多，价格最合适。培训公司如何做大做强？首先要设计一个“一箭穿心”的产品，至于其他产品，可以先围绕这个产品去做。

万科是房地产行业的老大，万科是怎么变成老大的呢？因为万科曾经打过一个非常重要的广告，叫“别装了”。在1997年，他们想到，房子如果不是精装修的，买房后还需要装修，装修要浪费90天的时间，有3吨装修垃圾，还会造成无数噪音污染。一个小区内，由于装修的时间不一样，对别人会造成严重的干扰。所以万科当年的广告，就是要把装修这个环节去掉，由他们来做装修，所以万科卖的房子基本上都是精装修的。万科也因为这个重要理念成为中国房产界的老大。

万科的房子和其他房地产公司的房子最大的区别是，买了万科的房子，拿到钥匙就可以拎包入住了。但买其他房地产公司的房子呢，这肯定就不能实现。比如我现在住的房子装修总共用了7个月时间，不过最后使我基本上对各大建材品牌都略有了解，变成装修的高手了，还总结出了如何装修的攻略。

苹果公司的产品为什么厉害，让全球用户毫无招架之力？因为苹果公司的产品有一个拒绝键，不想用哪个软件了按一下就能删除。乔布斯原来做苹果电脑的设计，后来又去了柬埔寨、中国、尼泊尔、印度等国家，他求证了很多国家的大师，怎样把产品做到最好。他的手机是用佛家的思想做出来的。佛家说，只要做到一点就可以了，也就是简单，让客户觉得极简单就成功了。

乔布斯思考了很久，终于确定了定位，完全从设计师的机器的定位中走了出来，把苹果做成了大众的产品。

这个案例告诉我们，如何才能让顾客非买你的产品不可，如何才能让顾客给你最多的钱。

我们公司2013年重新定位，从知识供应商向结构供应商转型。因为中国太多老板需要听课了，系统管理又没有办法一下子讲清楚，但是将来有一部分老板就不用建系统了，可以把这个工作交给我，我来帮他们建系统，他们享受过程就行了。

企业家做产品的时候一定要记住，你给顾客服务的时候，别让顾客干活，你让他玩，你代替他劳动，他必然要支付费用。比如卖种子的不单单卖种子，连农药、收割都做了，客户等着收钱就行了，这样客户也会支付你更多的钱。

有家公司叫孟三都，它在美国的销售额占全球同类产品销售额的40%以上。孟三都主要做什么呢？把大豆的DNA破解出来，因为大豆非常容易遭到病虫害的侵袭，甚至会减产30%左右。有一种叫青虫的虫子特别喜欢吃大豆，谁是青虫的天敌呢？是一种含杆菌基因的细菌。孟三都把这种杆菌嫁接到大豆上，又把大豆遭虫子吃的这个基因去掉，就形成了新的产品——转基因大豆。转基因大豆的好处就是不容易生虫子，产量上升30%。转基因大豆和非转基因大豆怎么区别？一颗大豆有一个脐，脐是白色的大豆就是非转基因的，脐是黑色的大豆就是转基因的。目前市面上有大量的转基因大豆油，这种油对我们的身体到底有没有危害？我也不太清楚，听说对人身有影响，但暂时还看不出来。

孟三都有了转基因大豆以后就形成了产业链。孟三都先去了阿根廷，跟阿根廷的学生说：我的成本价是1千克5美金，销售价是1千克45美金，你卖1千克赚40美金，卖10千克就赚400美金，卖100千克就能赚4000美金。4000美金在阿根廷可以上4年大学，学生肯定愿意卖这种产品。他们能卖给谁？卖给自己的父母，因为他们的父母反正都要买种子，买自己孩子卖的种子也是一样的。

因为转基因种子是绝育的，所以他们第二年还得买种子，还得去找孟三都。就这样，阿根廷就沦陷了，阿根廷 90% 的农业都是用的孟三都的产品。

后来孟三都又去了巴西，巴西也一样沦陷了，又去了日本，日本也沦陷了。前两年来到中国，中国东北的大豆基本上也都成了转基因的了。

面对重复性消费的客户，孟三都是怎么做的呢？有一个员工开发了一个新客户，孟三都把这个新客户消费的产品的全部利润给了这个员工。孟三都成了世界上著名的农业公司。后来人们发现，大豆还是会生虫的，要打药，打其他的药没有用，只能打孟三都的药；打除草剂草不死，只能买孟三都生产的除草剂；种这种大豆土壤会板结，还要经过土壤改良，土壤改良剂也需要孟三都生产的。所以从种子到最后全部产品都被他们包了，用也得用，不用也得用。

携程网的员工开发了一个新客户之后，会给客户备案。这个档案叫 CRM，备案以后，客户去携程网上买机票，前 10 张机票的利润携程网会全部奖励给开发这个客户的员工。这样，员工就会拼命地开发新客户，于是得出了一个利润倍增公式，重视重复性消费客户。

员工开发一个新客户，第一单业绩或第一批业绩全部利润奖励给员工；第二单或者是第二批利润按照正常提成标准奖励员工；当然第三单、第四单也是按第二单的方法算的，这就叫利润倍增公式。这就逼着业务员开发新客户，当然，新客户增长之后他们就会有选择顾客的权利。

❻ 发展步骤法

发展步骤法的要点是，先找一个点战略，做到极致，做到第一名，然后为点战略、周边战略进行业务开导，最后做到面战略。

这方面做得最成功的是腾讯，它一开始做聊天工具，做着做着就做成周边业务了，现在腾讯就是一个综合门户网站。但有很多公司从点战略到面战略上出现了问题，做不出来。比如浪莎袜业，它是不足以支撑 50 亿元以上的产值的，但要做 10 亿元、8 亿元是没有问题的。浪莎袜业已经做到 No. 1 了，战略必须要从点战略到面战略了。在这个过程中，如果它转变得慢就会受到重要影响。

有一家做得不错的公司叫九牧王，以前只做裤子，做着做着连上衣也做了，后来做成了男士商务用品。

我有一个客户叫向利公司，是防静电地板供应商。我们先给这家企业做分析，防静电是一个特殊行业，包含以下几项内容：第一，防静电地板；第二，防静电材料，防静电地板是个点，点在材料里面；第三，防静电工程；第四，特殊装修工程，不但要防静电还要防盗防火。于是，我们给这家企业重新做了一个定位：

向利公司，防静电地板供应商。其业务为：防静电地板；防静电材料；防静电工程；特殊装修工程。

其定位为：中国最大的防静电地板供应商，用2年时间实现；防静电材料供应商；用5年时间，做成“特殊装修工程专家”。

⑦ 产业宽度法

产业宽度法，就是先做产业中的某一个领域，然后继续平面扩张产业领域的其他业务。与发展步骤法相比较而言，发展步骤法越发展越深，产业宽度法是往周边扩张。

❽ 技术领先

有一家日本企业叫横河机电，其中新加坡公司的员工是 200 人，创造了 200 亿美金的销售额，是世界 100 强。这家企业主要做自动化管理，它的定位是：要保持领先世界自动化技术 10 年以上。

我去过这家企业，这个定位也不是吹牛。这家企业太厉害了，它的利润率大概是 30%，每年 60 亿美金的纯利润。下面我们来看它是怎么分配钱的：要缴 17% 的企业所得税金、33% 的股东分红、11% 的研发经费、15% 的发展备用金、24% 的员工补助。新加坡是没有个税的，只交 17% 的企业所得税就可以了。我们国家企业所得税的税率是 25%，除此之外可能还得多交 20% 的个人所得税。

在中国的企业中，往往是分完员工的工资，剩余的利润都是老板的，但是世界级企业不是这样做的。世界级企业是挣 100 元，要分成几部分早已经规定好了，比如研发经费，老板是不能动的，必须是用来做研发的。当然我这里说的这些数据做了一些修订，这是为了保证这家企业的机密不泄露，但是这不影响我们理解这个道理。

我们公司的分配比例是这样的：4% 的服务备用金，主要用于客户退款、纠纷等；15% 的发展备用金；65% 的事业部利润分配；其他为股东收益。

这个过程的点的理念是什么？企业挣 100 万元，可能老板才分 33 万元，其他的钱用来做什么都提前规划好了，哪些做备用金，哪些做研发经费，哪些做企业所得税，等等。我们公司虽然没有完全按照国际级大企业的标准来做，但是基本思想是一样的。

世界上 98% 的核电站的自动化管理是横河机电做的，因为这家企业的定位就是自动化技术始终领先别的公司 10 年以上。如果你的公司有一天技术领先了，也一定要定位清楚。

⑨ 突出产品

有家企业是卖鸭子的，品牌名就叫张鸭子。它原来的广告语叫“祖传三代，一年卖出 300 万只”，虽然这个广告语有一定的市场号召力，但是后来我们做了适当的修改，改为“张鸭子，真鸭子，我是一只真鸭子”。这样一来，大家对“张鸭子”的印象更深刻了。

⑩ 拥有特色服务

特色服务包含形象式服务、感动式服务、观察式服务、秘书式服务、权威式服务、走动式服务等，就是把服务形象化，让大家针对自己的公司去选择，看自己的公司到底需要什么服务。

形象式服务主要是针对售货员、保安、公关、决策者等，感动式服务主要针对运营人员，观察式服务主要针对服务人员，秘书式服务主要针对营销人才，权威式服务主要是针对技术人才，走动式服务主要针对职能人才。这是企业服务的标准。

我建议，你可以将定位的十种方法打印成一个小册子，放在桌子上。当遇到新的项目时，可以拿出来翻看翻看。定位可以使我们减少很多损失。有学员问我个人有没有定位，其实我自己也是有定位的，我的定位就是做一个企业战略和企业组织的咨询师。我从毕业到现在没有换过岗，一毕业从事的就是人力资源工作，到现在，我从事的还是与人力资源有关的工作，也可能我这辈子都不会换岗了。我很庆幸这辈子只从事了一项工作。我觉得没有必要再去尝试新的行业和工作了，但是我可以拓宽一下自己的视野。

四、快速做出企业定位的新思路

❶ 找准定位的标准很重要

在给企业做定位的过程中要考虑的要素有五个。

第一，中国的人口红利即将消失，我们国家 80% 的服务业将被外资企业霸占。公司发展越来越快的话，要定位于商业模式，不能基于人海战术去发展。

第二，全球资源是公共的。企业要想利用好全球资源必须要跨越国界、消除仇恨，企业的价值属于全人类。哪怕某个民族跟你的民族曾经有过仇恨和战争，也要虚心学习对方企业的优点，立足于企业自身。

第三，产品与商业模式一定要简单。企业提供的产品与商业模式，一定要简单归零，为顾客提供“一揽子”解决方案。

第四，人力资源与资本资源同等重要。人力资源，作为重要的资源，与资本资源同等重要。也就是说，无论你做什么，有钱不一定能做成事。

第五，企业的价值在于成就感与企业信仰，不能把挣钱作为唯一的定位。

❷ 关键时刻应用即时战略

即时战略是根据人才、资本、社会结构和政府因素的变化，即时调整战略。很多企业是老板定一个战略，之后就钻到这个战略里跑不出来了。有时候碍于面子，即便发现战略不合适，也在那儿死撑着。这是不可取的。

作业：

根据定位的法则，找出自己企业的优势，然后写出自己企业的定位方向、广告语。

03

第三章　产品设计：多元化定位，业绩倍增

了解了企业的战略规划后，我们接着来了解企业的产品。企业产品是企业操盘手一定要关注的，一个优秀的企业操盘手一定是一个产品高手。

一、不同产品对企业有不同的作用

我们先来讲企业产品与客户定位方面的重要内容。

❶ 产品的三个方面

产品就是服务，卓越的产品不需要服务。有人说，我们的服务不太好，要提高服务。我非常同意这种观点，但事实上，如果你的产品足够好，客户就不需要服务。你见过爱马仕给客户打过电话吗？你见过迪奥给你发过短信吗？没有。因为它们的产品足够卓越。如果产品做得烂，服务做得再好也没有用，客户还是会有情绪。**最高境界的服务就是，给客户提供卓越的产品**。比如开面馆的，把面做好吃就是最好的服务。

说到企业产品，必须得谈产品的三个方面：第一个方面是产品的作用，第二个方面是产品交付的标准，第三个方面是产品销售方案。

如果有人对你说，咱俩合作一个产品吧。这时，你一定要问他三个问题：这个产品有什么价值；这个产品交付给顾客时的标准是什么；怎样才能把它卖出去，把钱收回来。失去了这三个重要维度，产品就没有任何价值。很多产品非常好，但是没有社会价值，要么是卖不掉，要么是交付标准太高，要么是使用价值不够。所以只有把这三个问题弄清楚之后，产品才是清晰的。

在我国做产品非常难，原因有以下几点：第一，允许市场化经营。第二，市场化运作产生了很多不规范的运作。第三，有些产品对行业与国家产生负面作用，比如奶粉、食品。第四，重点企业对中小企业进行整合。第五，众多中小民营企业要么被收购，要么被逼死。第六，受益整合的企业变成大企业，与国际竞争对手竞争激烈。第七，我国的商业模式是很多大企业形成垄断地位后重新开放的。

我国的民营企业发展壮大以后，有三种出路：

- 第一，被我国的垄断型企业收购。
- 第二，被世界级的国际品牌收购。
- 第三，把老板整到监狱里，被监狱收购。

你可能会说你现在还没有被收购，那是因为你做得还不够大。比如，好多医药企业纷纷被国药收购。也有好多民族品牌被跨国公司收购。一个民营企业的发展看上去总是不如一个跨国公司。

❷ 设计思路：既要当下赚钱，也要培养未来客户

设计产品的时候你一定要问一问自己：我有 10 年以后的顾客吗？我为这些人施加影响了吗？如果我没有施加影响，那我怎么才能对他

们施加影响，让我的公司至少能活够10年？

你的当下利润产品的设计核心：首先，要有前端产品或者“一箭穿心”的产品引导目标客户消费；其次，要有定位，因为有定位的公司才有利润；第三，产品是一个移动的策划过程。比如，我们公司当下利润产品是系统班、咨询。

然后你要问自己“我未来的主导产品是什么”。可以从以下几方面进行分析：第一，分析行业趋势；第二，对顾客进行深度需求挖掘；第三，对旧产品的淘汰与新行业的开拓。

比如，我们公司10年后的产品是什么样的？是以信息化管理、数据化管理、人才培养为解决方案的综合类产品。这个产品光研发就得两三年。所以现在是培养一批客户，有一批赚钱的产品，还要研发一批未来的产品，这是非常重要的产品研发思路。如果不这么做，光靠内部管理挣钱是不行的，因为顾客永远是喜新厌旧的。

产品会涉及老板和其他企业操盘手共同关心的问题。我建议公司每个月要开一次产品设计会议，不管是不是设计产品都得开一次会，探讨趋势，探讨竞争对手的产品，探讨自己产品的改进方案。

我们公司的董事经常在一起开产品会议，始终保持产品的先进性是我们义不容辞的责任。

图3是长松咨询集团产品设计的思路。

比如，我们公司的产品一，它主要是培养未来10年的客户。产品二是当下利润性产品，就是为我们挣钱的产品。产品三是10年后的主导利润性产品。这就是产品设计的一个重要思路：首先要培养未来10年客户要买的产品，其次要经营当下能够创造利润的产品，再次要知道10年后我们的主导产品是什么。

哪怕你只是代理商，也得考虑这个问题，考虑清楚自己10年后的客户在哪里，10年后的产品是什么，现在的产品是什么。

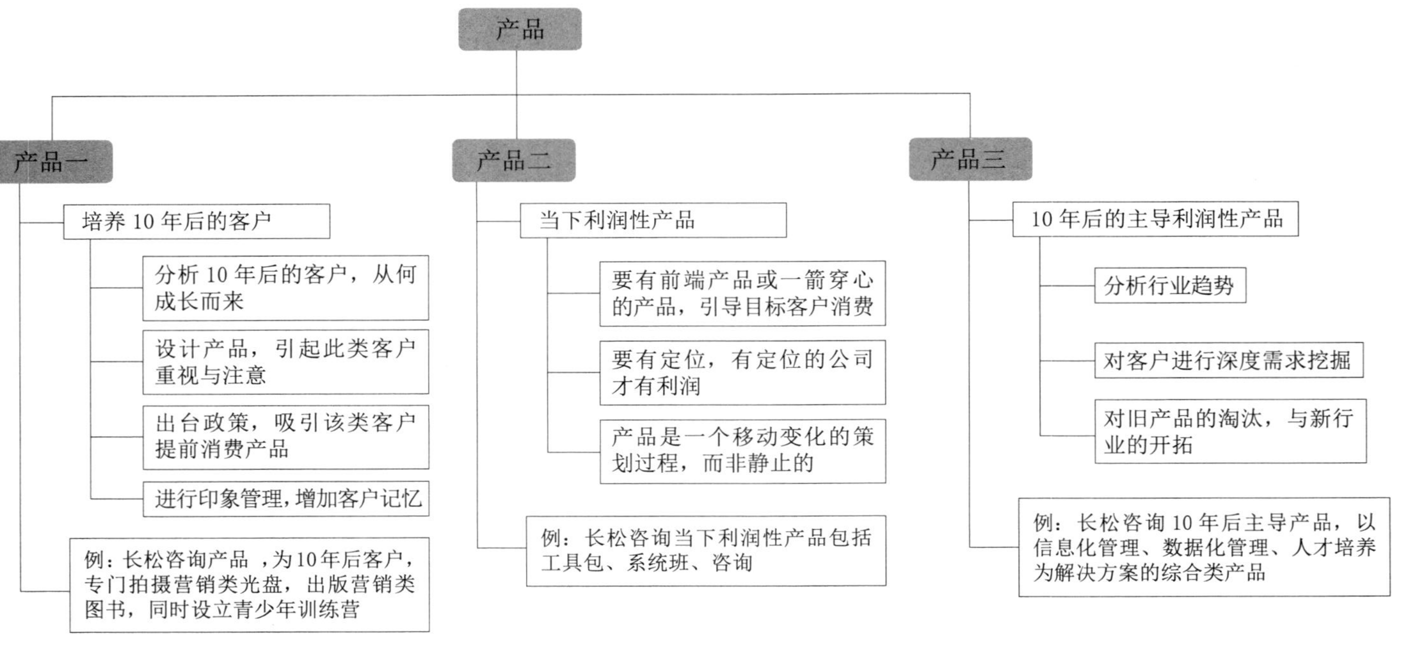
产品
产品一
培养10年后的客户
分析10年后的客户，从何成长而来
设计产品，引起此类客户重视与注意
出台政策，吸引该类客户提前消费产品
进行印象管理，增加客户记忆
例：长松咨询产品，为10年后客户，专门拍摄营销类光盘，出版营销类图书，同时设立青少年训练营
产品二
当下利润性产品
要有前端产品或一箭穿心的产品，引导目标客户消费
要有定位，有定位的公司才有利润
产品是一个移动变化的策划过程，而非静止的
例：长松咨询当下利润性产品包括工具包、系统班、咨询
产品三
10年后的主导利润性产品
分析行业趋势
对客户进行深度需求挖掘
对旧产品的淘汰，与新行业的开拓
例：长松咨询10年后主导产品，以信息化管理、数据化管理、人才培养为解决方案的综合类产品

图3 产品设计思路

有的公司的产品当时很牛，结果一两年之后就不行了。生活中，我们经常看见很多商场、餐厅做着做着生意就不行了，之后再也恢复不了巅峰状态了。因为它们当时只考虑了当下的利润，没有考虑未来。

10 年后的产品有什么特征呢？

首先，要分析 10 年后的客户是怎样成长起来的。其次，要设计产品引起这些客户的重视与注意。再次，要出台政策吸引客户提前消费产品。最后，要进行印象管理，增加客户记忆。

比如一个美容养生馆，现在的顾客大概是 30 岁以上的人，那么 10 年后呢？就应该是现在 20 岁左右的人了。这些人能不能成为顾客，跟你现在的管理有非常重要的关系。你有没有设计过适合这些 20 岁左右的人的产品，有没有考虑过他们想要的是什么，有没有体验过他们的感受，有没有想法留住他们 10 年，或者有没有想过 10 年后为什么他们没有来你这里消费？这些都是这家美容养生馆要研究的课题。

所以我建议这家美容养生馆现在可以做一些产品，只要是年龄在 20 岁左右的顾客，都可以用成本价卖给他们，不赚钱，只是要把他们留在这里。

有人说：我们是以项目为主，客户 10 年以后买我们产品的概率不大，何况现在市面上有很多品牌的产品他们可以选择。我认为，这种情况下可以增加产品。

我们长松咨询集团为 10 年后的客户专门开设了营销类光盘以及图书，同时又设定了青少年训练营。我们非常清楚 10 年后这些孩子会成长为什么样的人，所以专门设立了青少年班。我们做这些产品就是培养 10 年以后的潜在客户。

这是一个外国的案例。一个小超市的老板为小孩提供免费冷水，其他人不理解，觉得他太傻，水本来是要收费的，他不收费不是亏了嘛。后来人们发现这家超市的生意一直非常好，因为这家超市为孩子们提供了60年的水，当初的小孩都会长成大人，他们会买超市的东西作为回报。所以，这个超市的生意一直很红火，原因就是培养了10年后的客户。

我经常会发表一些关于孩子教育的法则，因为我对顾客的影响不是从企业家开始的，而是从小孩开始的。希望下面教育孩子的15大法则，能够对你做企业有所启发。

（1）教育孩子，首先要让他知道学习成绩不是第一位的。贵族的标准是有担当的责任和自由的心境。

（2）孩子不需要监督，其实孩子更需要的是信任。我的孩子6岁多，他自己起床，自己穿衣服，自己洗衣服，自己写信，自己上学……自己做，我就用这一条法则来对待。在孩子吃饭的问题上，我和我老婆发生了争执，老婆不断地催孩子赶快吃。我说，你不用催他，他现在不吃，说明他不需要。她说那不可能，他饿了怎么办？我说，下次吃饭的时候我们征求一下孩子的意见，看看他今天要吃多少，先帮他夹到碗里，咱们按咱们的速度吃，他按他的速度吃。

现在我们家孩子的饭量大增，他私下跟我说，他喜欢和我在一起吃饭，和妈妈在一起吃饭，她老逼他。我说妈妈逼他吃饭是对他好。他说，他就是饿，也不想让别人逼着他吃饭，他喜欢自己做决定。后来我把他的意见反馈给我老婆，我老婆说她好像明白了，不要逼迫孩子，要相信他。

（3）不要认为孩子所有的缺点都是从学校学的，其实有时候只要家长改了，他就会改了。我们家孩子乱扔衣服，主要是因为我就乱扔衣服。后来我做了深刻的检讨，每次到家的第一件事情就是把衣服挂到衣柜里，把鞋子放到鞋柜里，我强迫自己养成习惯，我们家孩子也不乱扔衣服了。

（4）放下孩子，孩子才会自由。

（5）做孩子的榜样，否则孩子就会为你做榜样。

（6）不要让孩子进入大人的频道，而是让大人进入孩子的频道。因为大人快孩子慢，让孩子进入大人的频道孩子就会掉队，一掉队孩子就会烦。逼着孩子进入大人的频道，他是很痛苦的。我们家换成了孩子的频道后，家庭气氛完全发生了变化，孩子的内在创造力远高于技术传播的很多知识。比如我们对后花园进行修改，孩子一下子画出了90多种方案。

（7）自信心是成为优势的长处，先培养一个优势，孩子就会有信心。

（8）孩子最难管的是自控力，孩子阅读自控力更差，你管他越多，他越自控不了。

（9）健康是孩子成长的前提，别逼着孩子学那么多东西，你小时候学的东西有几条能用到的？

（10）孩子三四岁的时候打是可以的，他要是已经24岁了，你再打打试试？我们之所以敢打孩子不是因我们爱他，而是因为他打不过我们。爱自己的孩子是人，爱别人家的孩子是神。

（11）小孩做好小事情，比更美好的大未来更重要。

（12）没有逆境就没有逆境商，没有情感就没有情商。孩子太顺了，没有逆境商；孩子看不到父母情感的表达，很容易没有情商。

（13）感恩孩子的昨天，敬畏孩子的明天。

（14）一定要记住孩子的好，不要对孩子丧失信心。千万不要贬低孩子，贬低自己的孩子，夸奖别人的孩子，孩子一定会看不起你。

(15)自然教会自然能力，家庭教会情感能力，社会教会社会能力。

❸ OT 产品：一个企业只有一个核心产品

一个企业只有一个核心产品，做这个产品，就要把它做到淋漓尽致。比如六味地黄丸，河南南阳的一个药厂，占六味地黄丸销量的60% 以上。

OT 产品的特征有三个：第一，消费者广泛应用，大概有 15% ~ 20% 的企业要做 OT 产品；第二，重复性消费，顾客买了第二次之后，还要买第三次、第四次；第三，非教育性产品，不需要教育顾客，顾客就会买。比如茅台白金酒、王老吉、飞科剃须刀、浪莎丝袜等，都是 OT 产品的典型代表。

长松咨询集团在 2008—2009 年只有一个产品——企业组织系统咨询班。那时候很多人找我开课，我只开了一门课，用的法则就是 OT 产品法则，只做一个产品，把所有的精力、所有的人力资源、所有的财务、所有的市场都集中到这一个产品上，把它做成一箭穿心的产品。OT 产品要具有一箭穿心的独特消费优势。

❹ 前端产品做印象，后端产品要利润

很多企业的产品是混乱的。其实产品设计分为前端和后端。比如本书是长松咨询集团的第一个课程，是前端产品。前端产品分为两个：

大熊、花猫；后端产品又分为两个：金牛和小狗。什么是大熊产品？就是客户的入门级产品，目的就是吸引更多的客户消费产品，原则是不以赢利为目的。什么是花猫产品？就是为了增加客户满意度而设计的产品，目的是为了增加客户服务。比如买房子送冰箱，冰箱就是花猫。那什么是金牛产品？是指企业核心赢利的产品，目的是创造价值获得利润。什么是小狗产品？是指企业未来的核心利润，目的是立刻研发获得竞争优势。

很多企业没有战略线，没有产品线，于是就很容易出问题。

这就是前端产品和后端产品的设计思路。

理解了这一层，你再看一下你的公司，现阶段是否适合用这种办法。不是任何时候所有的企业都适合这种办法的，还有百分之二三十的企业在现阶段是没有前端产品和后端产品的。

怎么设计产品呢？比如一位老板就卖前端产品，于是研发了几本书、几套微课，依靠卖这些公司赚不赚钱？不赚钱。但是公司却能得到两个好处：一是有了一个团队，二是有了一帮客户，可以从客户里去选择更优秀的顾客。

所以，我们必须得生产前端产品。以我的性格我是不写书的，以前也有出版社找过我，让我写书，我说我不写。我要是写一本书流行三五年就没人看了，我内心会非常痛苦，但是想要流行 100 年，我现在还没那个实力。所以，我不愿意写。但是后来为什么又出版了这些书呢？因为我要经营公司，就不能用个性经营，我得把个性放到一边。我要用企业的性格做事，**企业的性格就是让员工活下来。员工只要活下来，就能带来一堆顾客，员工带来一堆顾客又带来一批员工，那公司就人才济济了。**

这么做我们公司还是没有赚钱，但是给员工发了工资、缴了税、交了社保、交了房租、带来了流水。所以，**前端产品的目的是为了带**

来顾客，并不是为了赚钱。

后来，我又出台了更贵的东西——长松营销系统。有一个顾客说："贾老师，你做的这个东西太沉了，怎么不做得轻一点？"我说："怎么轻？"他说："弄一个U盘不就把所有东西都装上了吗？"我说："是啊。"他说："那你为什么不这样做呢？"我说："我肯定不这样做。从产品设计学上讲，中国人喜欢大的、沉的、厚的东西。这个东西在市场上卖19800元，加上所有东西总共是19.5斤。人们花19800元买19.5斤的东西感觉踏实，感觉很值。其实，这些东西完全可以用U盘装的，但是我不装，那样会显得轻，没有沉重感，这就叫消费心理学。"

所以设计某个东西都是有道理的。虽然这个东西很沉，但是我还要这样做。如果客户交200万元，我给他一个U盘，他会有什么感觉？我做咨询的时候，会用一个很大的箱子，把所有的方案用彩色的纸打印出来放在里边，用彩色的纸打印就是为了增加庄重的感觉，让客户觉得这个方案很正规、很正式，不是很随意的那种。这样，客户就会觉得这方案不用看内容就知道值200万元了。

因此，买一个产品先不要看价钱，看看包装就知道价钱值多少了。爱马仕的围巾的包装是纯羊毛的，顾客一看包装袋都是纯羊毛的，就知道这个产品不可能便宜。这就是消费心理学。

你要通过一系列努力，提高企业价值。**只有提高了企业价值，才会增加利润空间**。卖低价产品，最后死的是自己，因为你经不起市场的风险考验。

公司要有严格的前端产品和后端产品，因为产品卖的难易程度不一样。我们公司为此匹配了低端、中端、高端、更高端、更专业的产品。当然，你的东西再好，也需要高手来卖，你没有那么多高手，只能采用降价这种方法了。

一个牙医诊所的老板说："我的公司想做好到底该怎么做？"我说："你给我设计一个前端产品。"他问："怎么设计前端产品？"我说："洗牙可以成为前端产品。你们洗牙多少钱？"他说："几百块。"我说："收成本价，洗牙不赚钱，当成前端产品，就是为了吸引顾客。只要洗完牙就有后端产品——女士美容。这样，前端产品让更多的女人走进来，进来之后体验高于一切。"后来这个老板一个月的业绩翻了4倍，没打广告，没做宣传，人们都过来洗牙了。

如果再想往前面找前端产品呢？那就是免费检查牙齿健康。现在的小孩坏牙率很高，你检查完之后只需要给他父母发个短信，业务就来了。所以只要把产品设计好客户自然就来了。

一定要有前端产品，让顾客先进来。我们公司最前端的产品其实是网上免费的盗版视频，这些视频当然没有产生工资和提成，但是却产生了顾客。

有一次我特别感动。我在上"组织系统班"课程的时候，有个学员说"我晚上一定和你谈5分钟"，要求了好几次，我决定跟他谈5分钟。课后，他见我在休息室，握着我的手说："贾老师，我终于有机会和你握手了。"我说："怎么了？"他说："6年前我是你的一个盗版客户，听你的盗版光盘。那时候我有一个梦想，就是一定要上你的课。"我说："你为什么要上我的课？”他说：“我当时没有钱，上不了你的课，我都是看网上那些不清晰的、断断续续的视频，现在挣到钱了，我要成为你的客户。”

这就是盗版光盘起的作用，这就是前端产品起了作用。

为什么要做前端产品和后端产品呢？看我的盗版视频的客户一共有3亿人，买我的书的人总共120万，买光盘的客户总共6万，买“企业操盘手”课程的顾客总共2000个，做咨询的顾客一年只有100个。如果我的触角伸得越长，我的产品就越得延伸过去。所以我从3亿人里挑了120万个，120万个里面挑了一两万个，从一两万个里面挑了几千个，从几千个里面挑了几百个。产品是层层筛选的。

记住，即使你做了这个产品，比如你出了本书，有的人也可能只买你这本书，不会继续消费后面的东西。这就好比有一帮孩子只会在网上看我的课程视频一样，我是没有办法跟他们要钱的。所以要根据客户的实际情况来做产品。

康师傅矿泉水一瓶批发价0.71元，成本价0.71元，一分钱没赚，就是为了和农夫山泉、娃哈哈、乐百氏竞争，抢占市场。那么，一个人天天喝康师傅的水，就会选择吃康师傅的方便面，喝康师傅的冰红茶。康师傅的冰红茶和康师傅的水有什么区别？康师傅的冰红茶卖3.5元一瓶，康师傅的水卖1元一瓶，而它们的成本几乎一样，就是因为冰红茶是后端产品。

所以，你有没有一个产品是让客户感觉到超值，谁都想消费的？如果有，那你就从现有的顾客——庞大的受众群里筛选更优秀的顾客成为你的忠实顾客。雅戈尔为什么之前主打衬衫？因为雅戈尔的衬衫的价钱是雅戈尔西装价钱的1/20，大家都穿衬衫，有一天这些穿雅戈尔衬衫的有人有钱了，就会买雅戈尔西装了。这也是要做前端产品和后端产品的道理。

德国大众有一种汽车叫桑塔纳。我和德国大众公司总厂的相关人员交流过，他说他们公司有一款车非常值得买，捷达。在德国没有桑塔纳这个名字，他们把那一系列产品都叫捷达。他说："为了让第一代开车人对德国大众产生永远不忘的印象，让客户形成德国大众的车就是严肃的、质量好的印象，我们把所有最好的产品都用到捷达上去了。"要先把前端产品做好。大家对捷达最大的印象是沉，沉代表机器重，日本车轻，就没有车的感觉。至于辉腾的定位，就是后端产品的问题了。

德国大众是很赚钱的。有人会问和德国大众相抗衡的企业还有哪些？全球只有一家——丰田。因为丰田有一款前端车叫卡罗拉，这款车也很好，受到不少用户的追捧。所以你要是第一次买车，一定要买前端车，因为汽车公司会非常注重客户对前端产品的体验，前端产品往往质量最好。

前端产品，第一主要是平台消费的产品，第二是客户第一次见到的产品，第三是公司较低端产品，第四是价格较低的产品，第五是增加客户群体的产品。前端产品的目的就是吸引大量的客户，特色是让利和增加客户满意度。一家企业有一个前端产品就可以了。

后端产品有哪些？第一是企业的利润产品，第二是重复消费的产品，第三是并列的产品，第四是系统消费的产品。后端产品的目的有两个：一个是赢利，一个是转介绍。

产品设计问题是企业操盘手有疑问最多的地方。一个企业家一定要是产品设计专家，之前你不懂产品设计，企业可能只有一两个产品，随着企业越做越大，你一定要在产品设计上有更深入的想法。如何让公司做得更大，有两种做法：第一，当产品较少的时候，就做一个 OT 产品；第二，当产品变多的时候，一定要有前端和后端产品，前端产品主要是留人的。

销售前端产品和后端产品的员工的提成也不一样。比如，我们公司不同职位的员工领钱的周期就不一样。我领工资都是按季度领的，基本上不按月领，因为我要核算项目，我是做后端的。有些普通员工卖一本书、卖研讨会的门票，卖完三天内就可以领工资了，因为他们是做前端，我要鼓励他们快速拿到钱。只要他们把产品卖出去，就可以到财务那里拿钱。这么做的原因非常简单，就是为了提高员工积极性，员工的积极性提高了，公司的顾客就会越来越多。

❺ 宣传营销产品：企业要建立自己的“沙滩”

基于宣传营销的产品设计是一种智慧，是一个企业家一定要掌握的东西。但是很多企业家没有经过系统的训练，所以有好产品也卖不掉，这是很可惜的。我们先来说说营销的客户。

我们把客户分为三种：第一种叫沙滩客户，第二种叫贝壳客户，第三种叫珍珠客户。什么是沙滩客户？是指消费公司初级产品，是公司建立的第一客户群体。沙滩客户虽然多，但只有少数的人会购买，大部分人的购买力是低的。但是企业没有属于自己的沙滩，就没有沙滩客户，更不会有 VIP 客户。所以你会发现，现在世界级企业都在建立自己的沙滩。你有沙滩吗？如果你没有沙滩，要迅速建立你的沙滩，以便建立你的沙滩客户。

你要学会建立沙滩客户，也要学会建立贝壳客户，建立珍珠客户。什么叫贝壳客户？优质的沙滩客户具有更高的消费需求与消费支付能力，所以公司要将更后端产品交付给贝壳客户。什么叫珍珠客户？就是指优秀的贝壳客户，有全面的合作战略及产品消费意向，是公司最核心产品资源的服务者。

前文讲到，一个江苏的大姐要买我的课，我没有让她买，因为她是沙滩客户，还没有到珍珠客户。所以，我不能跟她要200万元做咨询。她可以买我的书，可以买我的工具，但是不用跟我的班、买我的课。

我通过书籍的销售、微课的销售，建立了一群沙滩客户。然后我从沙滩里挖贝壳，再在从贝壳里找珍珠，层层筛选，最后我们公司的业务就给了沙滩，给了贝壳，给了珍珠。

企业家在任何时候都要建立属于自己的沙滩。你想建沙滩吗？

一个企业在经营过程中的第一阶段，先建一个较大规模的沙滩。比如洗车，洗车也赚不了多少钱，真正赚钱的是美容、美工、改装、贴膜、维修等，但是如果别人不去你家洗车，就不知道你家的品质。也就是说，如果别人没有消费你的前端产品，就不知道你的后端产品。只有品味了、感受了你的前端产品，才会去体验你的后端产品。所以，建沙滩要抓住任何一个销售前端产品的机会。

有一次，一个商业协会邀请了800个企业老总，让我们安排老师讲课，我们的老师刚好都没有时间，于是我们就送产品、送书，因为这样做对顾客会产生影响，还会带来无穷无尽的发展和后端的产品消费。

我们公司是怎样建立沙滩客户，建立贝壳客户，建立珍珠客户的呢？是通过沙滩产品、贝壳产品和珍珠产品建立的。

第一，沙滩产品。我们公司有非常健全的网络推广咨询系统，通过网络推广吸纳更多的顾客去关注，通过电话营销对顾客主动施加影响，通过广告和活动增大社会影响，从而让很多的顾客去尝试我们的沙滩产品。

我们在超市里经常会见到促销员让人们品尝她托盘里的东西，这就是为了建立沙滩。沙滩建完以后，重要的工作是培育客户，提高

IP 转化率，也叫沙滩客户转化率。想建立沙滩很容易，但把体验的客户变成忠实顾客，才是公司能力的体现。

第二，贝壳产品。能够吸引客户下订单，并且消费的产品。通过主动营销、深挖顾客的深度需求，并从贝壳客户中获得利润。

比如我们人力资源公司会为 700 个老板做电话咨询，就要耐心地为他们解答。但是可能 700 个顾客当中只有 100 个会购买产品，可能当中的 50 个顾客会要求我们提供方案。这就是贝壳客户。如果他们没有交钱，你也要为他们做，因为他们是沙滩的贝壳，也许他们今年没有购买，明年可能就会有购买，明年没有购买，后年也可能会有购买。

这样做是为争取贝壳客户，并为贝壳客户转变为珍珠客户打下坚实的基础。

第三，珍珠产品。珍珠产品是针对购买力强的VIP客户研发的产品。我们把珍珠客户的营销灵魂定义为方案式营销。建立沙滩是通过推广营销、电话营销、浏览营销、网络营销。在沙滩客户里选择贝壳客户的时候就变成主动营销了，从贝壳客户里选择珍珠客户的时候又变成了方案式营销。珍珠客户是购买力强、支付利强的 VIP 客户。

通过服务式营销让珍珠客户进行转介绍，这就形成了一个良性循环。沙滩客户对于企业来说是必须的。但是有的企业不是这样认为的，他们说，不要那么劣质的客户，一定要精华客户。但是大家一定要记住，精华客户都是培育出来的，即使是现在爱马仕的消费者也是通过各大奢侈品培育出来的，大街上是找不出精华客户的。

要想建立沙滩客户、贝壳客户、珍珠客户，企业内部分工很重要。

其中，业务员、网络推广师、代理商主要解决沙滩客户。比如一个服装代理商，要把所有代理的品牌重新进行规划，看看哪些是低端的，哪些是高端的。只做一个平台是要出问题的，链条得设计出来。营销管理者、营销精英、客户精英解决贝壳客户。技术精英、营销高管主要解决珍珠客户。也就是说，企业里每个人服务的群体是不一样的。

❻ 方案式产品：让顾客放心买你的产品

什么叫方案式产品设计？假如公司没有前端和后端产品，只有一套工程怎么办？

北京有家公司是做环境污染改造的，比如垃圾一经改造就变成了好东西。在未来十年，我们国家的环境产业发展空间很大，因为河流污染严重，空气污染严重，农村很多地方到处都是垃圾。现在外国人发明了一种 PM2.5 鼻腔过滤器，就是戴上之后，呼吸的时候能把脏东西先过滤了，北京的交警已经开始试用这种过滤器了。

上海的黄浦江中发现了很多死猪，但水质检验是合格的。美国一个小伙子在一个水库里尿了尿，水利局局长却让人把水库抽干了。为什么要抽干？他说下游的老百姓喝这里的水，一想这里面有尿会觉得恶心，所以就抽干了。这么一对比就会知道我们国家的环保力度还有待提高，环保产业的市场潜力非常大。

刚提到的这家北京公司，它的宣传资料是这样的：技术团队包含了什么，公司技术团队的照片，公司的资质，公司的社会责任，公司的企业优势，都给哪些企业做过服务，客户见证，处理的技术是什么……

这样的宣传资料看着是比较华丽的，但是有问题，也许它的问题在你的企业中也有。那么，怎么解决这些问题呢？

任何企业的宣传资料都要有三个词：相信、清楚、值得。

一家公司应该把证明自己是好公司的资料放到最前面，要把销售方案放在前边。很多公司把销售方案做到文件当中，让人想和它们合作，但是却不知道怎么去操作。

我见过太多公司不会卖东西，虽然它们的东西非常好。其实，通过对宣传资料的调整，可以让人 1 分钟就知道自己是不是要和你合作。比如说我准备在我们公司做一个空气改造系统，也就是循环改造，我到网上查找相关企业，结果没有办法选择，因为没有人给我提供方案，都是需要另外联系的。这就过滤掉了 99% 的顾客，因为有人看了之后可能没再跟你联系，如果你直接提供了方案，对方可能就直接电话成交了。

比如，我想在家装一个小孩的高尔夫练习模拟器，就是往一个大屏幕打球，有一个投影仪。我到网上查，发现也没有人给销售方案，后来我给其中一家公司打电话说要买它的东西，那个东西装下来要 20 万元。我让他们过来谈价钱。在谈的过程当中，我说他们的网站有问题，因为网站上没有营销方案。营销方案要非常清楚，所有东西都得包含在里面才行。

下面我们就来讲一讲如何做方案式营销。适用的为工程类产品；方案解决式产品；产业链式产品，比如做原材料、机械设备配套的；大产业链的环节产品，比如做汽车的坐垫的、做电动车电池的；定制类产品，也叫作方案式产品；技术设计类产品。

如果你的企业属于以上情况，采用方案式营销是有效的。

方案式营销的团队配备为专家、信息员、谈判员、产品交付团队、工程师。方案式营销必须有三个要点：产品的价值，产品交付的标准，产品的付款方式与退款方式。这三点非常重要，好多公司收完人家的钱，没说退款方式，结果最后人家要求退款了，两家就开始打官司。

最重要的是产品有什么价值，交付的时候是什么样的。比如我给别人做装修，说的时候很好，但是最终装的时候不是那样了，这也会让双方吵起来。那问题就大了。

方案式营销的环节包含：准备有形的营销资料，包含文字和视频，再加标准的营销流程、交付流程、质保流程。这是做方案式营销的几大流程。做方案不是说交完钱就结束了，还得有交付流程和质保流程。

我们接着来介绍一下如何写方案式营销方案。

第一部分内容是公司介绍。一般不超过 100 字。

第二部分内容是产品给顾客带来的价值。3 ～ 4 条就够了，不要写太多。技巧就是，一个重要价值加 3 ～ 4 条边际价值。

比如说你是做装修的，你做装修全部数据化管理，叫数据化装修。你给一千家做装修有一千家的数据库，给一万家装修有一万家的数据库，哪一家的质保期到了，发短信提示客户。这就是给客户的最大价值。

第三部分内容是销售词。有很多公司不会写销售词。销售词如何写呢？有几个办法：

第一，描述满足消费的场景。

第二，描述不消费此产品的后果。

第三，描述已经消费的客户的状态。

第四，从客户的立场描述对产品的印象。

比如汽车美容的销售词："当你进行了汽车美容以后，能够隔离掉 90% 的紫外线，并且降低汽车内温度。如果没有做汽车美容，你的车温度升高，会增加甲醛的释放。我们经过 1099 个顾客的评价，他们发现，我们的车模有什么帮助。其中一个奥迪 A8 的车主说……"

有这四句话就够了，这四句话分别从不同的立场上来说：你满足条件的时候什么样，没满足条件又会什么样，大量的消费者满足条件之后是怎么样，满足条件的客户是怎么说的。

第四部分内容是产品理论。产品理论不超过 200 字，主要是向顾客解释使用的产品原理、消费风险，不当使用的风险、警告及科学性。顾客买了你的东西，使用不当会怎么样要提前说清楚。产品原理在中国做得最棒的就是药品，其他很多产品做得是不行的。在国外买衣服你会发现，标签做得非常厚，所有资料介绍得非常清晰，因为生产商怕承担一些难以承担的责任。

第五部分内容是销售方案。必须给出清晰的销售方案，方案有两种：第一，有调研的客户的只给 1 套方案；第二，没有调研的客户给 1 ～ 3 套方案，但是主推 1 套方案。也就是说，我可能给你 3 套方案，但是主要推荐你使用 1 套。另外，也要注意销售价格，价格里要包含所有产品的详细内容。

第六部分内容是附件。附件里明确规定退款方案、交付标准、资料证明、客户监督。

很多公司不会写方案，这很可怕，有的写了方案又很不专业，没有从心理学角度进行分析。所以尽管有很多企业写了方案，但是产品还是卖不掉。我举一个简单的例子，还是定位装修这件事，很多装修公司给的方案就出问题了，不能立刻收到钱。我们公司是一个要立刻收钱的公司，我们不仅没有任何欠款，还有大量的预收款。没有任何欠款，就基于我们对销售产品设计的理解。

❻ 教育性产品与非教育性产品的灵魂

一个企业中的产品有很多种分类办法。我查阅过好几个学科的资料，比如企业战略学、国家战略学、营销学、管理学、领导学等，都有一个共同的模块，就是产品。我们先来看看教育性产品和非教育性产品。

教育性产品与非教育性产品的区别

你的企业可能是教育性产品，也有可能是非教育性产品。教育性产品和非教育性产品到底怎么区别呢？

教育性产品是通过主动营销对顾客施加影响，通过对顾客的消费教育从而达到顾客购买产品的目的。那么，美容产品是教育性的还是非教育性的？是教育性的。美容产品要么是所有员工都成为营销员，要么有专职的营销团队。你可能觉得好多女士是自动地跑到养生会馆去的，其实这前面有很漫长的教育过程，你要主动地对顾客施加影响，通过教育使顾客购买产品。

而非教育性产品不需要销售者主动地去跟顾客讲解，比如给他打电话什么的，因为消费者已经有了有较强的消费需求，或者说消费者的消费需求非常容易被激发。

比如一个女孩原来没有吃巧克力的习惯，但有一盒巧克力摆在商场里卖，包装特别好看，于是她就买了一盒，这就叫非教育性产品。这个产品的卖法和公司的定位，以及赢利多少，都有一套独立的模式。

如果一个产品属于教育性产品，你摆到某个地方，即便放上 8 年，别人不感兴趣还是不感兴趣，需要销售人员打电话、给客户资料，给客户发传真，甚至需要通过其他方式来进行营销。

这两种产品的卖法是完全不一样的，这跟产品本身的贵贱没有关系。

比如楼盘就基本上属于非教育性产品，这个产品就是等待顾客上门来买的。但是可能有的高尔夫别墅就变成教育性产品了，这两种房子的卖法完全不一样。高尔夫别墅会通过一系列的网络炒作、旺盘炒作、会员聚会、高尔夫试打等方式来卖掉。如果你作为一个房地产老板，都不知道自己的房子是什么类型的产品，只找几个小姑娘在售楼处站一站，那么房子会一直卖不掉，因为你对产品的理解是有误区的。

为什么要做教育性产品和非教育性产品的区分呢？

教育性产品的灵魂是建设团队

如果你卖的产品是教育性产品，那就赶紧建团队吧。重点发展代理商行不行？基本上不太现实，凡是教育性产品，重点发展代理商难度都比较大。可能你会觉得奇怪，培训产业里大部分都是教育性产品，为什么有很多老师发展代理商呢？其实，培训产业发展代理商和其他产业发展代理商完全不一样。

培训运营的模式有两种。培训产业也分为教育性的和非教育性两种情况。比如，凡是课程费用超过 10000 元的产品是教育性的。孩子素质教育属于教育性的产品。而有些机构的英语培训呢？那就属于非教育性产品了。

教育性产品的运营模式是自己建团队。比如我们公司就自己建团队，建了 42 家子公司，总共有 2000 名员工。我深刻地明白我们公司的产品情况，不用再想其他的方法了，客户就是靠一个电话一个电话打出来的。经过培训以后，我们发现一个问题，要想成交 1 个客户，就必须有 4 个准单；要想有 4 个准单，就必须见 10 个老板；要想见 10 个老板，就必须打通或者沟通好 20 个老板的电话；想打通和沟通好 20 个老板的电话，必须得有 80 个老板的电话号码；要想有 80 个老板的电话号码，必须有 100 个以上的号码……也就是说，想成交 1 单，就必须找到 100 个人的号码，这就是流程。这个流程是不会变的。水平高的人，在 100 个号码里面会产生 2 个单、3 个单，水平低的人没有产生单子。

所以员工进入公司以后的第一件事情是先接受概率的概念培训，你要给他们介绍工作是怎么做的。先通过各种方式找到 100 个电话号码，之后打电话可能会有 20 个电话是打不通的或者不接的，或者是错误号码。打完的 80 个电话里，可能有 60 人会说一句“滚”。

有个小姑娘到我们单位来应聘，说自己已经有 5 年的销售经验了。我们就问她在哪里做销售，她说在商场。这个在商场卖过产品的小姑娘在我们这里基本上没有业绩，因为她在商场卖的产品是非教育性的，不需要接受这么多的拒绝，顾客要看产品就看，不看就走人。所以她在商场的 5 年销售经验对我们来说一文不值。我们所有员工都是从零开始培养的。也就是说，不管是做我们公司的营销经理还是做业务员，天天都要接受这种流程。

在营销学里，必须了解一个非常重要的规则——测算。什么叫测算呢？我们公司有一个员工，天天非常苦闷。他说不喜欢这个行业，因为一天打了那么多电话都遭到了拒绝，他有些怀疑自己的能力。其实，他的能力没有问题。我给他进行了一个测算，怎么做的呢？我说："当你拿到一本资料之后，成交概率是 1%。也就是说，你的成交概率超过 1%，比如 1.11%，你都是非常卓越的。"

这么一测算，员工的心态一下子就平衡了。这样，即便打了 100 个电话，有 90 个都是拒绝的，对心态也没有任何影响。因为成交率是 1%，还有 9 个电话可以是拒绝的。所以，我们一定要把这一点跟员工说明白，否则，员工会很难受的。

谈恋爱的成功概率是多少？大约是1/20。一个男人在结婚之前会喜欢上20个女人，有的时候自己都不知道就喜欢上了，但是他会跟一个女人结婚，所以他的成交概率是1/20，也就是说19个失败了他都没事。

上大学的时候我喜欢上一个女孩子，那时候胆小不敢追。我们是老乡，有一次我故意跟她一起回家，坐火车的时候坐在一起，我们两个人都是上铺。她穿着洁白的连衣裙，太漂亮了，裸露的手臂、纤细的手指。当时我就想摸一下，但是不敢。

后来，她嫁到国外去了。大学毕业五六年之后，我们同学聚会，我趁着喝酒一拍桌子说："你知不知道当初我很喜欢你啊？"我还没说完，她也一拍桌子说："你这个懦夫！"我说："怎么了？"她说："有一次咱俩一起回家，我把手都伸到你脸上了，你都不敢碰我一下。"

那天晚上，我喝醉了。

这都是心理因素在作怪，当时如果把概率测算好就没事了。

我公司有一个讲师叫刘国栋，有一次在300人的大课上，他比较紧张。

我说："你可以给学员推荐一下你的财务班、系统班。"

他说："你开玩笑吧，300个学员，才有五六个报名，你看报名概率多低啊。"

我说："这你就不懂测算了，这300个学员中是董事长的人有150个，这150个人对财务关注的有50个，对财务关注的人今天带了卡、钱，并且有需求的有20个，这20个人在很短的时间内有决策力的有10个，这10个里面如果有5个愿意报名，就说明你的成交概率是50%。300个人中有5个人买单的成交概率就是50%，不是5/300。这样做完测算以后，你的心态立刻就平和了。"

教育性营销和主动性营销最大的特点就是失败率。为什么我们要划分前端产品和后端产品，就是因为销售永远有失败率，但失败率不可能是 100%。当你去做营销分析的时候，永远要分析购买人的因素，千万不要分析非购买人的因素。什么叫非购买人的因素？有的人说你们公司的产品怎么怎么不好，这种人你的产品好他们也会不买的。比如他说你的面油比较大，但你把油减了，他也不会买来吃的。有些人永远不会购买，但是会永远提意见。

一个培训老师跟一个企业老总说："你交 150 万元就能成为我的代理，成为我的代理以后，我先给你安排 50 万元的课。这样，即使你一个客户都没有帮我拉来，你也值了。然后，比如你有朋友过来听课，我把 50% 的销售款返给你。你听了 150 万元的课，还可以做 300 万元的销售，最后你可以卖 300 万元，帮助了一些朋友，自己还能赚 100 万元。"那个老总当时感觉到非常划算，于是就与培训老师合作了。

其实，等到合作之后他就会发现，这种商业模式想持久下去难度太大了。因为他缺少必备的几个条件：第一，有团队；第二，有时间；第三，对一个行业了解。如果这些条件统统都不具备，就凭着一腔热血，那基本上就会出事了。所以一定要记住，在非本专业的行业当中你要慎重做决策。

再举个例子。

有人让一个老板给他投资300万元，说如果有20个人投参与这种投资，加在一起一共是6000万元，那就可以开个投资公司，很容易就可以把投资的300万元给挣回来。于是这个老板就动心了。这时候，我问了老板几个问题：第一，你对投行的情况了解吗？第二，你见到投行给了你公司章程还是项目报告书？如果给你一个章程，那就没有任何价值；但是如果给了你项目报告书，就要对这个项目做详细的分析，分析自己有没有团队参与，有没有时间参与，对这个行业了解多少，这个行业的走势是什么。他听了以后决定不再投资了。

投资一定要慎重。想要快速发大财的人，很喜欢做这样盲目的投资。做企业并不一定非要发大财，做企业是要产生价值的，有时候你会发现，投资的风险太大了。

教育性产品的灵魂是两个字——团队。如果你的公司是做教育性产品的，你就别再指望谁能帮你，这是你自己必须要过的关，不过这个关企业根本没有办法强大起来，团队的机制、薪酬、办法、晋升、文化，甚至包括格局，你都要考虑清楚。

比如一家企业同时做高档的面料和做中低端的面料，那团队肯定是不一样的，团队的味道也不一样。假如你是做珠宝的，那你的团队的综合素质、感觉、教育修养肯定又是另一个高度，做小梳子、小盆、小牙刷的按照你这个团队去招人是不可能的。

非教育性产品的灵魂是服务

非教育性产品可以找代理商。你可以整合很多社会资源，不一定把它们整合到你的公司，而一定要把它们整合到你的利益链条里去。

很多企业家会对这个理念产生了误会。比如有的企业家听到整合这个课题，就觉得自己的企业也需要。但事实上，不是所有企业家都是需要整合的，他们也许只需要做好本行业，他们的社会地位、社会价值就已经形成了，没有必要整合。有的企业家听说整合好，于是把大量的时间和精力浪费在了上蹿下跳上，这其实是没有必要的。因为如果他们的产品是教育性产品，他们的灵魂便是团队，那么最核心的工作便是团队培养，而不是整合资源。

教育性产品的销售流程

教育性产品的销售套路与非教育性产品的销售套路是完全不一样的。教育性产品和非教育性产品的销售到底有什么不一样？理论体系不一样。这导致公司在做营销活动的时候流程是不一样的。目前有80%的营销学的培训是有很大问题的，没有告诉我们到底是什么产品、应该怎么卖，只是告诉我们，见到顾客要学会微笑，要有商务礼仪，要帮顾客一个忙，要多关心顾客。

假如我是一个做工程的老板，我需要一个人给我做一个工程，你微笑不微笑根本不会帮助我成交。

教育性产品的核心工作：

- 第一步，建立信任，不是拉关系。
- 第二步，塑造价值。
- 第三步，数据比较。
- 第四步，落差对比。
- 第五步，数量限制。
- 第六步，风险运转。
- 第七步，要求成交。

这是教育性产品销售的标准流程。如果这类产品不是按照这个标准来销售的，那么你要改过来。因为只有把这个流程做得非常完美了，你的业绩才会倍增。如果你的流程不是这样的，就有可能会有好产品卖不掉的情况。

第一步，建立信任。

什么叫建立信任？如何建立信任？

让别人最容易建立信任的办法有三个：第一是通过你的有效资料来介绍你公司；第二是很多人都相信数据，要用数据说话，介绍相关数据；第三是介绍你公司的荣誉和成就。

很多公司不知道自己的产品是教育性产品，所以产品放在那儿一直卖不掉。因为产品本来是要按照流程卖的，是要找顾客的，找到顾客要按套路卖，但是它们不会这个套路，所以一直卖不掉。

第二步，塑造价值。

怎么才能让一个东西卖出高价钱？一定要让顾客看到它的价值。“一分价钱一分货”，很多人的消费还停留在价格优势上，结果导致这种情况：买了一双鞋子，穿一段时间就坏了，然后再买一双鞋子。后来发现还不如多花钱买一双好鞋子，这样能穿好长时间。我有一双ferragamo（菲拉格慕）的鞋子，这个品牌在中国大概是5800元一双。休闲的时候我经常穿这双鞋子，已经穿了3年，一打理像新的一样，关键是它特别舒服。而有些鞋，虽然很便宜，但是过一段时间就要换一双，到头来所花的钱是一样的。

比如装修，装修的材料一定要用好的。因为过几天瓷砖坏了、线断了，折腾起来就会没完没了。但是有一个大问题就是很多人看重价格，比如很多老太太为了省50元，可以一夜不睡觉在商场门口排队，因为她们追求价钱。这种情况下怎么办？你得告诉客户自己产品的价值是什么。

在旧金山，我和一个朋友一起跑到斯坦福大学玩，斯坦福大学南边有一大片土地，那里正在开发楼盘。我说：“咱们去看看美国的房子是怎么回事。”结果售楼的小姑娘两三句话就把我们搞晕了，她说成龙、叶倩文都已经在这里买房了，还把他们的签名拿来给我们看。我一看叶倩文和成龙都在那儿买了房子，心里马上对这个楼盘产生了好感，所有什么数据都不用再谈了，如果不是因为外汇的问题我也想买一间了。

塑造价值最好的办法是客户见证法。也就是说，想要告诉别人自己的东西好不好，最好的办法是让大家来评价。所以要善于收集客户资料。比如我去一个地方洗车，洗车店的服务员一见到我就说："贾先生您好，我们有一个小礼物送给您……"可能这个礼物的成本就一两块钱，但却让我很开心。

有的产品能做实验，不用委托别人；有的产品是不需要做实验的，因为它本身是最容易让人信任的；但有的产品需要委托别人做实验，我们目前在产品学、产品策划学方面的意识不够，比如美容养生，让客户说好还不够好，还需要找一些权威鉴定才有效。

第三步，数据比较。

这里说的数据包括行业数据和产品数据，数据说明一切。我们一定要记住：卖教育性产品是有套路的。这种情况普遍存在，很多人明知道你的产品好，但是也不一定买。如何让别人买你的产品？需要想办法。我们主要讲两种办法。

第一种办法叫作客户比较。"你的邻居都买了××空气净化器，你还在等什么？" "住在这个小区的人至少有实木地板，你难道用复合地板？"这就是采用客户比较法。

第二种办法叫作客户客情投射。我们在电视上经常看到这种广告，一般是一位女士陈述自己当年很漂亮，曲线好、皮肤好，于是找到一个帅老公。但自从生完孩子以后，肚子大了、肥肉多了、皮肤粗糙了，于是发现老公逐渐疏远了她，因此她陷入痛苦之中，发现脸色、皮肤越来越不好。“自从用了 ×× 减肥产品以后，突然发现皮肤又好了，眼角没有皱纹了，这款减肥产品太好了。”这就是客户客情投射法。

客户客情投射就是如何用好的客户来投射产品，是产品营销学中非常重要的一个环节。

第四，落差对比。

这一招对女人是最有效的。我曾经在新加坡一个卖包的店里看到一个公司做的营销，太狠了。它专门打造了一个玻璃柜台，这个玻璃柜台是可以打开的，顾客到了店里以后，可以把自己背的包挂在那儿。顾客的包不可能是十成新的，至少颜色看上去有些暗，结果顾客一看新旧包的对比，就不想再背自己的包了。它就是通过光线设计，显得它的包更漂亮，让人心理落差特别大。还有钱包，本来钱包使用率就比较高，拿灯光一打时，更是显得与新钱包的差别特别大。这样，到那家店里买包的人非常多，原因就是这个落差对比做得非常好。

当客户看到了产品价值之后，就需要激活客户的购买需求，让客户买你的产品。如何让客户买你的产品呢？这时还要有一个非常重要的环节，叫作不可抗力的成交理由设计。

比如你问你老婆：你可以嫁给我吗？她说她妈不同意。你说结婚以后所有的钱全部打到她的账号上。她说她妈同意了。这就叫不可抗力的成交理由。从法律上讲，两个人的财产是共有的，但是你给了她极大的保障，也就是给了她不可抗力的成交理由。如何设计不可抗力的成交理由，是目前研究产品要立刻做的。

第五，数量限制。

因为有了数量的限制，导致了顾客乐于购买。尤其是卖房子、卖车，一定要带上这一条。北京有一个卖奥迪的 4S 店，奥迪有一款车叫奥迪 A1，优惠幅度最大 9 万元。因为这个 4S 店的老板是我的学员，我给他打过一个电话，说：“你这个 4S 店的结局就会是破产。”他说：“贾老师你这电话太及时了，我现在就感觉要破产。”

我这么说是有原因的：第一，北京限号，缴税 5 年才可以买一辆车，这让汽车行业本身的竞争加大；第二，打折力度大，卖车不赚钱还亏钱；第三，有一大批汽车维修店，4S 店太贵了顾客不乐意去，可能你投资了 1 亿元搞了个 4S 店，结果本钱没有收回来，就已经破产了。

他说：“我现在想不破产，在这种困境下怎么才能走出去？”我说：“用你 40% 的销售额买特别的车。”他马上跟德国奥迪 A1 原厂联系，订 500 台红色的 A1，红色的轮毂、红色的座椅、红色的方向盘、红色的仪表盘，全部都是红色的，专门卖给本命年的人。后来车还没到北京，就全部卖完了，他也不特别加价，就按照原价卖的。

他又把 A4 喷成小绵羊的样子，专门卖给某一类人，在全国一打广告，又很快卖完了。汽车近 20 年的涨价幅度不大，20 年前和现在的价钱差别不大，但原则上都在涨价。他把 30% ～ 40% 的产品专门做成有数量限制类的产品。红色的轮毂和黑色的轮毂的材料差别不大，但是他附加了很多意义。他做了一堆概念性的东西，做的是主题销售。

第六，风险运转。

当顾客已经产生了购买欲望，但也许还是不会购买，因为顾客购买教育性产品是非常慎重的。那么怎么办？我们还要做一个动作，叫作风险承诺，也叫风险运转。风险运转是营销类教育性产品的制胜法宝。比如买我的产品，你不用担心，因为我可以退款。

如何运转客户的风险呢？第一，退款承诺。第二，换货承诺。第三，保货承诺。**所有风险运转都是商业承诺，同时也是商业信誉的累积。**

第七，要求成交。

要求成交很重要：第一，成交的方案不宜超过三种；第二，如果有降价必须换取现金。如果有人问，空气净化器能不能便宜一些？你应该怎么说？你要说：“请问您是用现金买吗？”他说：“我只是问问。”你不能一上来就说自己能降价。那样的话，他问完也不会买。所以，只要有降价方案，必须要能换取现金。

顾客问：“这个工程总价150万元能不能便宜点？”你就问他：“是今天签合同打全款吗？”他说：“是的。”你说：“那我问问。”于是立刻给老总打电话。有降价，永远要换取现金，不换取现金就不降价。

降价的目的：第一，对顾客表示鼓励；第二；提出转介绍的奖金政策。这是教育性产品的套路和流程。

这个流程非常重要，这个流程是后面制定机制、制定薪酬、制定目标的基本大纲。

非教育性产品的销售流程

非教育性产品总共有十几套流程，我们在此介绍一个比较通用，也很重要的流程。这个流程共分为五大步：

- 第一步，店内引导。
- 第二步，购买排查。
- 第三步，专注引导。
- 第四步，号召行动。
- 第五步，付款与战略。

非教育性产品的要素：用有限的人力资源来服务有限的客户，而不是用有限的人力资源最大化地服务客户。这句话非常重要。有的企业，比如餐馆，本来接待能力就40人，结果涌进来80人，短期看很赚钱，时间一长，服务标准一定会降低。很多餐馆是要在门口外面排队的，就是因为它们要用有限的人力资源服务有限的客户，这样品质有保障。

店内引导的第一个动作就是要增加人气吸引顾客。非教育性产品就是先把人气吸引过来，增加人气，吸引顾客，拉也得拉来，当然，我们一般不会拉。

购买排查是了解顾客最想购买的产品方案。这需要培训，很多公司做得不对，有事没事就去大批发市场了解产品行情，有很多根本没有经过专业训练。比如卖房子的，应该在一分钟之内了解，这个客户到底是来探查敌情还是来了解情况真想购买房子的。

专注引导，缩小顾客购买产品的范围。

号召行动，要求顾客当下成交。

付款与战略，就是拿到全款，并且对顾客的购买制定战略。

二、基于员工的产品设计

下面，我们来了解产品设计和员工、团队之间的关系。

❶ 不同产品和不同员工之间的关系

不同产品和不同员工之间有何关系？我们先来看表 16。

表 16 不同产品和不同员工之间的关系

员工类别	产品类别	成交要点	薪酬方式
实习员工级	非盈利产品	自己必须成交（核心）	高额提成，用来养活员工
员工级	前端产品	自己成交或主管帮助成交	高额提成，激励员工
经理级	利润产品	帮助员工收单、完款	经理团队提成，员工个人提成
总监级	核心利润产品	帮助员工亲自收单、完款	总监与经理拿所属团队提成，员工个人提成
营销总经理	高价及咨询类产品	亲自成交、收单、完款	公司销售额提成 + 公司利润提成，管理者拿团队提成，员工个人提成

通常我们一问谁来卖产品，大家都会说由业务员来卖。但是从现在开始，这种思路要打破，公司任何一个人都要卖产品，包括公司的董事长。比如一个国家的总统来买你家的东西，你是让业务员去卖，还是你自己去卖？

所有人都可以卖东西，不同的时间，不同的情况，卖的东西是不一样的。

那么产品和员工有什么关系呢？我们先把员工分为实习员工、普通员工、经理、总监、营销总经理、集团咨询师或者集团高管。这是员工之间的关系。实习的员工刚来到公司，公司一开始一般会让他卖便宜点的东西。高价的东西也先不让新员工卖，他一开始是卖不了高价的东西的，因为他对公司还不太了解。

一个新员工来公司多长时间会想要走人？ 10 天。90% 的员工在入职第 10 天有离职的想法。我们首先要考虑的不是要让员工发展多长时间，而是要考虑如何在 10 天内留住员工。

想要留住新来的员工，就不能让他卖太多复杂的东西。比如，我说你来我公司吧，业务员一个月 20 万元的任务，你 3 个月做到这个数字，干得了就转正。结果，他觉得自己干不了，第二天就不来了。所以，企业下达目标任务的时候不要下错人，对待一个没转正的人，不要给他那么大的压力，要先让他感觉很容易完成任务。

不要想着赚新员工的钱，让他留下来是最重要的，这才是核心。比如某个产品580元一套，成本是100元，卖一套赚480元，赚到的钱都归他，公司一点都不要，那他是不是很高兴？当然高兴。如果你没有让员工留下来，招聘的成本就高了很多。为什么很多公司没有团队，就是因为没有留住团队，最开始就没有设计好。

实话告诉你，就拿我们公司来说，有些产品根本不是赚钱的产品，我们就是用它们来养员工的。我们想尽一切办法，让员工感觉到这家公司在为员工服务，这家公司在真心帮助员工，这家公司想让员工真的有成长。让员工产生这个印象，强于让员工赚多少钱。可见，印象管理是一个企业的重要管理原则。

为新进公司 10 天内的员工做印象管理非常重要。

有一个企业家朋友给我打电话，问我："为什么我招了48个人，一个月之后就剩2个了？"我说："你把你的政策跟我说说。"我一听他的政策吓了一跳。新员工每个月得招4个代理商，每个代理商在5万元以上。按道理，这个要求新员工能不能做到？也能做到。但是新员工肯定会被吓到。很多员工都是不敢迎接挑战，自己吓自己，把自己吓跑了。

比如有人应聘秘书，我问：你会用电脑吗？会用Office吗？你会用五笔打字吗？会安排餐桌会议吗？你会开车吗？你懂英语吗？就这样问着问着，来100个应聘的，会走99个。很多人并不一定会这些技能，当时说会的，也不一定能经得起考验。所以你如果想招一个秘书不能这样问。新人刚来你一定要让他干他会干的活。

我大学毕业后，实习期间担任一家投资公司人力资源总监兼董事长助理。你肯定会问这是怎么做到的。当时，我的工作是这家公司子公司的技术员。后来我突破重重难关见到我们老板。因为我这个级别的人要见老板得经过多轮申请，没办法，我夜闯了老板的办公室，并成功实现了我的“当官梦”。

老板说：“你是谁啊？”我就自我介绍了一下。他说：“你找我想干什么？”我说：“我想当官。”他说：“你凭啥当官啊？”我说：“我不要工资。”老板说：“你为什么不要工资？”我说：“我啥都不会。”他说：“识时务者为俊杰，你想当什么官？”我说：“我想当人力资源总监。”他说：“你为什么要当人力资源总监，我为什么要给你人力资源总监的职位？”我说：“公司没有人力资源中心，所以我才要当人力资源总监。如果我要当财务总监，就得把财务总监PK下去；我要是当行政总监，就得把行政总监PK下去。我现在谁都PK不下去，所以我要个新部门当官，跟任何人不产生竞争关系。”老板说：“为什么要设人力资源总监的职位？”我给了他一篇文章，内容就是关于公司人力资源总监工作分析报告及我的建议。坦白地说，都是抄的。他一看，说：“你给我讲讲人力资源总监有什么好处。”我说：“第一，劳动关系解决不好，老板要坐牢；第二，社会保险关系解决不了，老板要坐牢；第三，员工去坐牢了，有些事老板还要坐牢，人力资源总监就是解决这些问题的。”他说：“那行，你明天就上岗吧。”

我说：“我得再要一个职务。”他说：“什么职务？”我说：“董事长助理。”他说：“为什么？”我说：“当人力资源总监你看不见摸不着，但是当董事长助理你就看得见摸得着。”他说：“董事长助理的标准是什么？”我说：“就八个字，头顶着头，脸贴着地，我第一件工作就是帮你打扫卫生。”他说：“打扫卫生的标准是什么？”我说：“我把地擦完以后，拿我的脸在地上擦一下，如果我的脸脏了，你就把我辞退；如果我的脸是干净的，你就继续用我。”

老板同意了。

想当官容易不容易？说起来也容易，我似乎一分钟就解决了当官这个难题了。老板说他第一次见到不要工资的人。

为什么那么多人失业找不到工作，因为他们没有遇到过逆境，当然就没有逆境商，没有情感，当然就没有情商。

在一个公司能出成绩的都是小事，不是大事。现在的员工准备干宏伟大事的太多了，干小事的太少了。

给老板擦桌子要怎么擦呢？有灰毛巾、白毛巾、红毛巾，老板的办公室一尘不染，我每天擦三遍，早上准时来擦，中午会完客再擦，晚上继续擦。老板有一个九龙椅没法擦，我买了个小吹风机一点一点吹，用牙刷擦。老板办公桌上有一个小盆景，只要老板不在，我半小时喷一次水。

有一天，一家大银行的客户来我们公司，当时我正在打扫卫生。我打扫完准备关门的时候，他进来问我是谁。我说：“我是小贾。”他说：“你们老板呢？”我说：“老板还没来上班呢。”他说：“你把这个文件给你们老板。”我也不知道那是啥文件，就直接给老板了。老板一看吓出了一身汗，那个文件是一个4000多万元的银行贷款承兑，本来是需要谈判的，结果没想到客户直接就签字了。后来老板给这个客户打电话，说："还没谈呢，你怎么就批了？"他说："我到你办公室以后，发现你的办公桌一尘不染，盆景上面水珠晶莹剔透，看你的办公室这么整齐干净，我就知道给你们公司贷款没事了。"

那时我大学毕业 3 个月，工资是 7800 元，在北京人力资源总监里排名第三。所以一个实习员工不要有太大的目标，先把小事做了，先留下来。当年我做员工，今天我做老板，这是我的感受。

❷ 成交的要点，最好自己成交

有了产品，还要卖出去才行。

这几句话我们要记住：

- 找到销售冠军，如老板或高管。
- 把销售冠军的成交与营销模式进行动作分解。
- 把动作分解的原理与方法整理成销售手册。
- 进行榜样复制，由老板或销售高管直接培训销售团队。

很多人说，我们员工整体素质不够。这是肯定的。

员工来我们公司的第一天会拿到一本手册，手册里有这样一段话：

你拥有这样一本书是非常幸运的，你工作中所需要的所有资料这里基本都有，愿你工作顺利，出单多。

我们的行业是什么，我们的公司是谁，我们的文化是什么，我们的精神是什么……这些你都会在这本手册中了解得到。

在我们公司有十大精英，你进入我们公司，请用你的业绩说话。如果你要离开，请带上你的荣誉和奖金，我们是你最好的证明人。在你产生动摇前，先想一想同样条件下优秀者是如何做到的，我们永远喜欢这样的人。面对困境有分析的人更有解决的方案。昨天的经验或许成为今天的障碍，你需要不停地学习和进步。

新员工生存的价值只有一条——为客户创造利益。被拒绝是销售的家常便饭，你唯有恢复能力强才会最强。全世界的成功人有四条准则：喜欢、自信、悟性、德行。我们看到你的文凭背景和经验，但实际上贡献更能证明你的价值。

我们怎么样做营销？你依葫芦画瓢总能画出一个，我们是卖课程的，你是卖黄瓜的，你把课程变成黄瓜总行吧。

我们公司一个季度要走一次流程，一个季度要开一次总经理会议、高管会议。比如今天打电话的客户成交了，是怎么打的电话，把语言全部变成文字，这个活不是一下子就能做成的，是每天都要做的。三个月修订一次，然后发给大家。这就是把冠军的办法整理成手册以后给员工培训，这种方法是最有效的，也是最有效率的。

成交的要点，最好自己成交，用高额提成来养活自己。首先，这个东西最好由你自己去卖。为什么由你自己去卖呢？因为这可以锻炼你的销售能力。我们不渴求你在其他公司有什么经验，你可以是零经验，我们公司可以全方位培训你，但是你得能卖掉产品，自己成交。成交以后，除了扣除成本外，其他全是你的。

我的一个朋友给我讲了这样一个故事。

当年我追我女朋友的时候太辛苦了，因为她是别人的女朋友。我当时是一班的学生，她是四班的团支书，她和他们班长是一对。他俩有一个缺点，明明恋爱还不承认。我经过分析，想出了办法。我们班有个女孩，我跟她说，四班班长暗恋她两年之久了。她说她咋不知道呢？我让她明天看看他的目光就知道了。当天晚上我找到这个班长，说我们班有个女孩子喜欢他两年了，他要是不信明天看看她的目光就知道了。第二天两个人一对看，果然有感觉了。

这个班长找到我，说这怎么办？我说你去追她吧。他说我昨天还不喜欢她呢。我说我帮你写一封情书吧，我就写了6页，让他抄一遍，我再帮他送过去。我全方位给他分析，他觉得这个女孩子还是不错的，于是就移情别恋了。

我给他原来的女朋友写了个小纸条，说我要跟她谈恋爱，她后来同意了。过了两个月，她问我是怎么发现我更适合她的。我说那个班长是个懦夫。她问为什么。我说人最大的特征是遇强则强，遇弱则弱，怎么能一遇到竞争就跑了？她说，你不是引诱他，让他喜欢别人的吗？我说一个男人被别人一搅和就去喜欢别的女人，这样的男人你能嫁吗？

后来我们俩就结婚了，我们这十几年过得非常好。

不论做什么事，都要积极主动地去做，并且尽最大努力将它做好。只要能以主动、努力的精神状态工作，即便从事的是最简单的工作，也能绽放出自己的光彩。所以，一个新来的员工一定要先把简单的产品卖出去，然后再去考虑将来是不是能够担任公司的什么职务，要先活下来，活下来高于一切。

产品研发的第一个重要理念是必须得留住新员工。新员工就是资源，没有新员工就是一场空。

我跟山东的一个代理商合作。这个代理商跟我谈价格比例，说："咱俩合作的价格比例应该是多少？"我说："不要跟我说这个了。"代理商说："你什么意思？"我说："你不要跟我谈判。"他说："为什么？"我说："这个世界上根本没有谈判，只有强者向弱者通知。你跟我合作，要么我把你打死，要么你把我打死。现在看应该是我把你打死。我告诉你我打死你的步骤。"他说："你凭什么打死我呢？"我说："我有军队。"

企业家跟企业家合作不要谈判，你要是弱小，就全盘接受人家的条件，你要是强大，就以自己为主。如果你代理苹果手机，你跟苹果公司谈分成比例不是开玩笑吗？强大的人永远向弱小的人下通知。

没有新员工就没有军队，没有军队跟谁谈合作去啊。我跟一个老师合作，他说："贾老师，咱俩之间的区别是什么？"我说："区别就是你是老师，我不是老师，我是企业老总。"他说："老师和企业老总有什么区别？"我说："我在经营企业，我可以把你灭掉，你灭不掉我。我不需要任何平台推广，我只要有我的军队就可以了。你的收入和我的收入最大的区别就在这里。"

所以，没有军队说话就不硬。我自始至终重视组建自己的军队，我自己做得不好我跟你谈，我做得好你不要跟我谈。

要做好军队，第一，必须解决实习员工的问题。第二，员工要卖前端产品，要自己成交或者主管帮助成交，用高额提成激励员工。第三，经理级的员工要卖利润级的产品，这个级别员工的重要作用是帮助员工收单及完款，薪酬方式是团队提成加个人提成。销售总监的重要作用是把挣钱的好产品卖出去，或当所有人都卖不出去产品的时候他站出来卖。营销总经理卖最高价产品以及与VIP客户成交，亲自成交做榜样，收入是公司的销售额提成加利润提成加管理提成加个人提成。集团咨询师负责卖最核心的后端产品，并协助子公司成交新产品，享受总部分红。

弄清楚这几类人在营销和产品间的关系后，我告诉营销总监，你可以不卖东西，但是需要你卖东西做榜样的时候，必须站出来。

一个公司没有业绩的时候是谁杀出去？老板。

业务就是这么做的。**营销的灵魂在于榜样的带动作用。**

现在有很多人不理解这个道理。一个门店的店长说，他就不应该成交，成交的事就应该是店员做的。这种说法是不对的。

❸ 基于员工的产品设计

基于员工的产品设计，这一点更重要，因为很多员工离职就是在这方面出现了问题。

有个老总是做石油设备器材的，问我应该怎么做？我是这样看待的，企业操盘手的一生可能操盘无数类产品，同一个公司的产品也会有很多种。比如沃尔沃卖车、卖配件等。再如西门子卖小电器，也卖配件中电器，还卖大的空调设备。所以作为操盘手，你的视野一定要比你的企业规模还要宽广才行。这样，随着时代的变化，你的企业才可能会有变化。

我们首先来解决几个问题。前文提过，员工入职后如果一切不像他期盼的那样，第 10 天往往就有想走的想法了。其实，员工入职后的第 10 天、第 30 天、第 90 天和第 365 天，都是离职高峰期。比如，有些人虽然不是第 10 天走的，而是 1 个月之后走的，但是其实他们入职第 10 天就想走了，没有走是想要混 1 个月工资。做出决定的时间在第 10 天，觉得这家企业不能继续留了，但是他们找工作需要时间，所以他们在这里上着班，继续找工作，1 个月以后才会走。

第 10 天想走是因为公司不好，第 30 天要走基本上是因为工资，第 90 天要走往往是因为他们的职业生涯规划，第 365 天要走往往是因为企业价值观、企业文化。员工离职的因素不一样。所以，我们把第 10 天叫作留存线（又称“10 天线”），第 30 天叫作生存线（又称“30 天线”），第 90 天叫作生活线（又称“90 天线”），第 365 天叫事业线（又称“365 天线”）。

所以对待不同时间想走的员工，我们谈话的内容和方式是不一样的。比如有个小伙子到我们公司 1 年了，有业绩，他要离职，我一定会把他谈回来。但是对于第 10 天要离职的员工，我是不会努力劝他的，因为他对公司感觉好不好还不知道呢。员工来到公司的前 10 天对他产生直接影响的不是工资，而是他对企业产品与企业前景的感觉。所以我只会跟他谈产品，或谈感觉，谈荣誉，谈公司的发展史、公司的前景。

我们该如何给产品分类？产品也分为 10 天线的、30 天线的、90 天线的、365 天线的。

有些新员工不能自己成交，一定要有销售能力的人来帮忙。所以我们对员工一定要有非常清晰的判断。一个企业老总跟我说，“我们公司有员工 48 人，一个月走了 2 个，因为来了 10 天和 30 天的人，卖了来了 365 天的人的东西，公司马上就乱了”。

在商场里，有一个柜台是卖锅碗瓢盆、洗衣粉的，有一个柜台是卖电视、冰箱、洗衣机的，有一个柜台是卖服装的，有一个柜台是卖婴幼儿奶粉的。卖锅碗瓢盆的是什么样的员工？10 天线的。卖服装是什么样的员工？30 天线的。卖冰箱、电视的呢？是 90 天线的。卖婴幼儿奶粉的呢？是 365 天线的。

也就是说，在商场或超市里，新老员工站的柜台是不一样的。卖锅碗瓢盆一般都不需要员工说话，顾客自己会判断，很多人都是拿起来就走了，最多问是什么牌子。卖奶粉就不一样了，让一个来公司 10 天的小姑娘卖奶粉，用不了几句话客户就走了。比如顾客问“吃了这个奶粉小孩是不是大肚子”，她说不知道；“对发育有没有影响”，她说有可能。那顾客肯定就走了。

10 天线的员工，卖前端和后端产品及部分营业产品，提升相对较高。

90 天线的员工，销售中后端产品，经过重点培训，获利能力强。

365 天线的员工，销售后端及赢利产品，接受晋升和高端培训。

我想告诉你的是，有些产品不是为了公司设计的，而是为了员工设计的。

比如足疗的产品是怎么设计的？一个普通的足疗产品的价格是 999 元。其实，我们完全可以做价格 9999 元的足疗产品，不到 9999 元怎么能叫高端足疗产品呢？

前文我把产品分为大熊、金牛、花猫、小狗。大熊就是前端产品，金牛是挣钱的产品，花猫是有偿的、赠送的产品，小狗是未来赚钱的产品。

设计足疗产品时，先要设计的是第一个客户第一次来体验的产品，这种产品要占非常大的比例。这就是大熊产品，我们可以来一个 128 元钱的体验价。不过一定要记住：用这种产品，就一定要用最好的技师，因为只有用最好的技师，第一次光顾的客户才会继续光顾。

金牛产品在160元到260元之间，小狗产品是1600元到1万元之间。1万元的足疗怎么做？比如我宴请一个伙伴去做足疗，花了1万元，我不是为了我自己这么做的，我是为了让他感觉到我对他多么重视。一般来说，做个足疗可能就是三四百元，而这个价钱的足疗产品还会送很多东西，比如临走时会送你保健箱、足疗包、养生石头什么的，一星期以后会给你送去电动按摩器，等等。

产品设计当中，尽可能不留后遗症。一结算完就没事了的产品比较好。比如你花19888元买的东西，办个卡，卡给你了，你体验了，就没有后续问题了。

产品设计的方法很多，企业操盘手要找到真正适合自己企业的方式，不能完全照搬照抄别人的经验，要结合自己企业的行业特征具体问题具体分析。

作业：

❶ 你的企业的定位是什么？你的企业的优点是什么？你提供什么产品？你的营销方式是什么？你的客户是谁？你的广告语是什么？

❷ 你的产品设计的具体内容、价格、方案，如需方案式营销，则设计一个方案式营销方案。

❸ 清楚企业前端和后端产品，以及中期产品的设计。

04

第四章 目标分解：实现小目标，套牢大梦想

这一章我们主要讨论两个问题：一个是如何做企业目标责任书，一个是如何做企业目标规划。

一、如何做企业目标责任书

❶ 制定企业目标责任书的必要性

最好的战略家，一定有足够的系统工具做支持。没有系统，没有工具，所有的战略都是幻想。企业战略规划可以用来明确企业发展的目标，确定企业未来的方向。企业战略规划，通常以年度为单位，列明企业年度的各项目标性要求，确定企业发展的方向。

前文我们探讨了企业定位，又解读了企业的产品定位以及企业产品分类后的营销措施，这些都是为企业正常运营做准备。接下来，我们将进入到数据化管理阶段。

数据化管理阶段是什么呢？就是企业的产品生产出来了，定位清晰了，模式确定了，销售方案也清楚了，但团队要如何管理？企业操盘手最核心的内容就在这里。比如你给别人发工资，是发 4999 元，还是发 5100 元？什么时候发 4999 元，什么时候发 5100 元？团队中将来会提拔哪个人，又不提拔哪个人？

我曾看到这样一条微博："职业经理人应该为企业付出所有时间和精力，因为一家企业发了工资、发了奖金，发了股权激励、花了培训费用，来购买员工的时间和能力。如果这个员工工作时间在上抖音，如果这个员工的努力并没有发挥出来，那么这个企业是亏损的。"

所以，我们一定要制定企业目标责任书。

❷ 企业目标责任书是这样的

那么，企业目标责任书是什么样的呢？下面是某企业的目标责任书，供参考。

××年企业目标责任书

甲方：

乙方：

为加强公司安环工作的管理，提高人员积极性，明确甲、乙双方劳动关系，经甲、乙双方友好协商，特签订本目标责任书。

一、聘用岗位和时间

甲方聘用乙方担任甲方污水站××职务，全面负责污水站管理工作，聘任、考核时间为××年××月××日至××年××月××日，考核结束后，双方根据实际情况，签订下年度目标责任协议书。

（因其他因素导致数据差异化较大，每季度允许调整一次）

二、乙方的主要岗位职责

完成公司污水站管理任务，内容见《工作分析表》。

三、乙方的薪酬结构及收益说明

1. 乙方工资结构为“固定工资+绩效工资+产量工资”。其中，固定工资为 2000元；产量工资为每吨0.3元 ；成本激励政策，按节能金额的20%进行奖励。

2. 收益说明：

（1）固定工资：与日常考勤挂钩。

（2）产量工资:与月度绩效考核挂钩，具体参照《岗位月度绩效考核表》；金额根据处理污水量计算总额再乘以绩效得分比例。

四、乙方责任

1. 乙方必须保守甲方的商业信息，如有商业信息要追究乙方的法律责任。

2. 乙方在工作期间，不得利用职权进行违规作业。

3. 乙方若工作非常突出，贡献较大，甲方可适当对乙方进行额外嘉奖。

五、电网指标

1. 公物私用（一经发现，罚款经济价值10倍）。

2. 不按标准用人（一经发现，降一级工资）。

3. 回扣（一经发现，扣除当月分红）。

4. 非公司行为行贿（一经发现，扣除行贿比例，并扣除当月工资）。

5. 泄露机密（一经发现，造成经济损失，罚款100万元）。

6. 公款私用。

7. 虚报假账。

8. 旷工。

9. 煽动虚假消息。

10. 利用信息获得私人利益。

11. 销毁证据。

12. 虚假预算获得物质开支。

13. 违反品行指标。

14. 利用职务之便制造假数据获得利益。

15. 违法。

六、乙方触及电网指标,甲方有权对乙方进行停职、降职、降薪、换岗、调离或解约

七、其他

1. 本责任书一式两份，甲乙双方各执一份。

2. 如果中间有变化，经双方友好协商调整。

3. 如岗位变更，工资也随之变化。

4. 未尽事宜双方协商确定。

甲方：乙方：（签字盖章）

签名：　　　　　　　　签名（第一负责人）：

××年××月××日　　　　××年××月××日

这就是企业目标责任书，内容包括时间、职责、基本目标、收益、考核指标、行为考核指标、工资结构、义务、权限等。

我跟公司每个人签订了目标责任书后，我的睡眠可以每天保证8个小时了。但是我的总经理们从来没有睡过8个小时，因为我跟他们签了目标责任书后，他们的责、权、利全部清晰了。我们公司有42家分公司，80多个代理商。有一个分公司叫长红咨询，主要做行业研

究；有一个分公司叫北京商者长建管理咨询有限公司，主要做关键人才培养；有一个分公司叫长城深蓝科技有限公司，主要做网络营销策划；有一个分公司叫北京新理念科技有限公司，主要做软件设计……也就是说，我不仅有长松咨询集团董事长的角色，另外还有很多角色，所以我一定要跟员工们签目标责任书。

目标责任书是企业老板一定要和企业高管签署的文件。为什么一定要签呢？因为所有和你签过目标责任书的人，你能知道他们都做了什么。我们公司的执行总裁张年艳，她天天泡在市场里，就是因为我和她签了目标责任书。这不仅是收益问题，关键还赋予了员工成就感。目标达成的具体细节、很多方面都会在目标责任书中体现。

二、如何做企业目标规划

很多人问我目标责任书是根据什么制定的，其实目标责任书需要根据企业的战略规划来制定。也就是说，先有企业年度规划目标，后有目标责任书。下面是制定企业年度目标规划需要考虑的几个方面（见表 17），供大家参考。

企业战略目标规划分为两大部分：利润和管理成熟度。有的公司连利润都没有规划，只规划一个销量或者销售额。很多老板都不知道自己的公司到底挣了多少钱，他们不敢查账，因为他们害怕得到真实的数据，很惶恐。很多老板到处展示自己的公司资产有多大、规模有多大，但是他们也从来没有到财务那里拿过真实的数据，怕自己被吓出一身冷汗，所以觉得熬一年是一年。如果你现在也有这种想法，那是非常不可取的。

表 17 长松咨询集团 20XX 年年度规划目标

<table>
<tr><th>序号</th><th colspan="3">项目</th><th>内容</th></tr>
<tr><td>1</td><td rowspan="6">企业战略目标</td><td rowspan="3">利润</td><td>销售额</td><td>销售额、预收款、应收款、销销比、人均销量、目标销售团队数</td></tr>
<tr><td>2</td><td>成本</td><td>销售成本、销售公关成本、销售集成成本、人工工资和奖金成本、广告及宣传成本、管理成本、办公成本、生产成本、原材料成本、折旧成本、税金成本、约定服务费、其他成本</td></tr>
<tr><td>3</td><td>市场开发</td><td>市场分类 、市场考核</td></tr>
<tr><td>4</td><td rowspan="3">管理成熟度</td><td>产品研发</td><td>产品标准化、前后端产品设计、不同角色员工产品贡献、年度新研发产品、方案式或工程类产品、产品设计要点</td></tr>
<tr><td>5</td><td>人才培养</td><td>企业人才目标包括：人才关系、人才使用原理、人才指定培养、人才规划、人才培训原理</td></tr>
<tr><td>6</td><td>系统建设</td><td>营销系统、财务系统、组织系统、其他系统</td></tr>
</table>

我问一个问题，你是怎么考核你的中高层干部的？很多人可能一时回答不出来，因为很多企业根本就没有考核，也根本没有做过规划。

我女儿每次考试都是100分，但她的学习我很少管。她说："爸爸你是做管理的，你对我的要求是什么？"我想了想跟她说："我对你的评价是A-。"他们学校的综合评估，先是评优，优下面是A，A下面是A-，A-下面是B，B下面是B-，再往下是C，总共是6个级别。她问我为什么。我说："我对你还有其他考核指标。你每天的活动量是多大？每天都自己穿衣服、自己洗衣服吗？……但是就学习这一项指标要求不高，A-就行。"她说：“爸爸，你将来对我的学习有什么要求？”我说：“你千万不要在班里争第一，因为学习争第一会学傻的。”

“学海无涯”，学海真的是无涯的，所以我建议女儿学会基本知识就够了，不用非得争取第一。女儿又问我：“爸爸，你认为我现在的学习情况如何?”我说：“你现在学习的东西太多了，光是中国的汉字就有那么多个，学会1500个汉字已经脱离文盲了。”其实，很多小学生都已经学了四五千个汉字了。

如果你要对你的孩子做考核，却没有规划，你怎么给他做考核？你想要什么可能你自己都搞不清楚，所以考核也就无从做起。对孩子考核，就要有规划。企业要考核，就要制定目标规划。这是一样的道理。

从表17中可以知道，利润包含三个指标：销售额、成本、市场开发。以前的利润计算方法是销售额减去成本，未来的利润计算方式我们要学会和市场开发对应，因为如果没有市场开拓计划，未来的利润也不会好。

企业做目标规划的时候，总共有六大指标：销售额、成本、市场开发、产品研发、人才培养、系统建设。也就是说，做目标规划的时候不要只考虑一个指标，要考虑六个指标。

比如我制定个人目标的时候就考虑得非常清楚，我一般都是先做以下分析。

第一， 我最优秀的方面是什么？

我优秀的方面是讲课，因为长了一张爱说话的嘴，对培训行业比较了解，对其他行业的了解是源于咨询。但是我非常清楚我的路不能这样走。我绝对不可以像有些老师那样一天到晚讲课、卖课。我每年都会定收入目标，并且在一般情况下，我的收入目标都会在几年后得以实现。我的生活方式比较俭朴，每年都有20天的假期来陪家人，并且打50场以上的高尔夫球用来交际，给自己定下要做一个守规则的人的目标，“不赌、不吸毒”是底线。

第二，我有什么社会价值？

我能够帮助别人建立管理系统，我就有这一个价值。我每年会捐100万元做贫困大学生帮扶，但我不会对其他情况随意捐款。

第三，我想要什么样的生活？

我可以树立我老婆的威仪。因为女人主水，男人如果离开水，就会变得很惨。所以一个成功的男人背后，要么有一个好女人，要么没有女人。树立女人的威仪对一个男人来说非常重要。古往今来，很多朝代的灭亡都是从后宫皇后娘娘失去地位开始的。失去了皇后娘娘的威仪，皇帝就开始乱做事，后宫女人和女人的亲戚们乌烟瘴气，最后这个朝代就灭亡了。

在一个家庭里，树立女人的威仪非常重要。所以在公开场所千万不要说配偶不行，或者说配偶挣钱不行。在家里，在外人面前，在孩子面前，在亲戚朋友、同学面前，男人一定要主动把女人的威仪树立起来，并且树立到至高无上的地位。

我老婆看起来非常柔弱，但是她只要一拍桌子，我们家没有人敢出声。她在我们公司的威望非常高，但几年来她没有踏进过我们公司的大门，而公司所有员工对她都非常尊敬。

虽然我总说我老婆好，但并不是说我老婆就是一个非常完美的人。不过，我老婆在形象管理、印象管理、知识管理上确实做得非常好。这里我就不多说了。

我11岁的时候，就离开家到外地上学了，所以我感觉和爸妈在一起生活很不适应。我和老婆准备生孩子的时候，让爸妈来北京跟我们一起生活。我老婆怀孕8个月的时候，有次她跟我妈吵架吵得很厉害。如果当事人是你，你应该站在谁的一边？

如果我坚定不移地站在老婆一边，肯定会引起父母的极大反感，说我不孝。后来他们让我摊牌，站在谁那一边，我很为难。我爸是军人出身，我妈性格刚烈，我老婆性格柔弱。我妈的刚烈性格遇到我老婆的柔弱性格有力使不上，就有很多怨言。这种情况下怎么办？

我找我妈聊天，我妈说："我和你老婆掉到湖里面你先救谁？"我说："我先救老婆。"她说："为什么？"我从几个角度给她分析：

第一，从投资回报额来说，救我老婆的回报更大。她还能再活50～60年，抛开情感的情况下，她的投资回报更高。

第二，我要救我老婆，因为我是她老公，我有救她的责任和义务。我妈有老公，她需要爱她的老公去救她。

我还开玩笑说："我爸游泳肯定比我好，你绝对应该找他去。"这样一来，把他们都逗乐了。我说："你们想一想，她确实有毛病，她为什么有毛病？因为我有毛病，我为什么有毛病？因为你们有毛病。"

我爸妈还总是跟我说该如何改善环境，我说这个真改善不了，因为人生到最后就四个字——不了了之。有些时候，有些事你来不及放下，就必须放下了。但在我心中什么都放下了，我放下的原因比你们想象的还要多。

有一个学员说："怎么我前年见你有点老，今年又年轻了一点"。我心想，那是因为我放下的东西足够多，我现在要的是安定的生活。

我说这些就是想告诉大家，做个人目标规划，要根据自身情况而定。同理，企业做目标规划也要遵循前文所说的六大指标。有的企业跑得很快，但是人才、系统跟不上，后劲不足又慢下来了；有的企业因为没有规划，差点崩盘，这是很可怕的。

所以，我们必须有一个非常重要的理念，那就是**宁愿一辈子只干一件事，或一辈子只干一件事的一部分，把它干好也就行了**。我知道很多老板都想三五年就把自己所有才华都奉献完，剩余的时间到世界各地去玩。这哪儿叫规划？真正的规划需要思考一生的价值在哪里，到底为社会做了什么贡献。

❶ 利润目标设定

销售额、成本、市场开发、产品研发、人才培养、系统建设，这六个指标是企业并列要使用的，有时候要忍痛割爱抛弃销售额，有时候要眼看着钱不能装到自己兜里。比如投入的产品研发、对人才的培养、要建设的系统，必须要把一部分能量、资金投入进去。总的来说，销售额和成本是互利的关系。

销售额

一个企业仅仅有一个销售额的指标是不够的。中国现在的产业链很不平衡。一个企业也不能只是销售额高，其他的统统都没有。

很多公司是领风骚数几年，慢慢地就出问题了。而为什么有些企业能够做成百年老店？因为它们看的不单单是销售额，而是一个产业链，满足不同人的需求。只追求销售额，其他的问题全都不考虑，那问题就大了。

销售额中的第一项是企业总销售额。总销售额是指收到现金的所有销售额数，比如一年的销售额是6亿元。责任人是CEO、CSO、各级营销管理者。责任人一定要标上，这样考核的时候才可以说清楚。

第二项是预收款。预收款是指收到现金、单位交付产品的销售额。就是钱收来了，但没有给人家产品，这就叫作预收款。比如预售款金额为1.2亿元。责任人是CEO、CSO、各级营销管理者。

第三项是订金。订金是购买公司产品的意向金。订金和预收款的区别是：预收款往往是不退的，订金是可以退的。你对我的产品感兴趣，可以先交订金，如果你不买我的产品了，我可以把订金退给你。但是付了预收款，在某种条件下有可能就不退了。责任人是CSO、各级管理者。

第四项是呆账额。呆账额是指超过合同规定收款期限或行业习惯期限的滞纳金。有的是超过合同期限，但是钱还没收回来。很多公司都有30%呆账收不回来。责任人是CSO、财务总监、运营总监。

第五项是销售百分比。销售百分比是指某一种产品（某类产品）的销售额占总销售额的百分比。比如我们公司研发了5个产品，结果总是1个产品卖得好，另外4个产品始终卖得不好。这样会影响企业发展战略，所以我们要强制性地规定各产品的销售百分比是多少。责任人是总经理。

第六项是人均销量。计算人均销量有两种做法：一种是总销售额除以销售人员总数；一种是总销售额除以公司人员总数。第一种比较好，这样我们就知道一个人的销售额具体是多少了。

1个人只能带2个人，这样可以保证2个人都产生销售额。如果一个人带了5个人，极有可能2个人不出业绩，就3个人出业绩。所以你会发现如果公司团队有100人，出业绩的可能只有十几个人。

这个结构理论叫双规制，一个人业绩的高低，除了跟能力有关以外，还主要取决于对上级的臣服。可能很少有人研究这个课题。甲是销售经理，乙是销售员，甲非常讨厌乙，导致的结果是乙没有心情出业绩。所以最好的销售组织是 1 个人带 2 个人。

但是很多人问我，我为什么要带 7 个人的团队？因为我要有“小白兔”，“小白兔”要变成“鬣狗”，我要培养他们。我们公司 10 个人里可能就三四个人出单，但是我养了 7 个人。因为我养的人有一天会变成出单的人，我不知道谁会出单，所以得养着。

很多营销组织有一个错误理念，就是强调每个人每个月都要出单，没有出单就要裁人。如果你公司的出单率基本等于 17%，就是 100 个人的营销团队里有 17 个人出单，那就说明你公司的业务做得非常优秀。比如卖房子的，100 个工作人员，有 17 个出单已经不错了。也许有的员工一个月就出了 3 个单，而一拨人根本没有出单。怎么办呢？我们把所有人数加上，算算人均销量是多少。

像迪信通这样的手机专卖店，每个人都会出单，因为他们的顾客都是馅饼，是从天上掉到他们头上的。有的柜台是客户来了就买了，不是因为这个人的销售水平高，接待客户的换成另外一个人也会有销售量。如果你要让这样的销售人员主动出去做营销，他可能马上就完蛋了。

第七项是前端产品销售额。为了增加总销售额，得先做个前端产品。前端销售额能够保证前端销售量大，客户数量多。所以公司要规定前端产品的销售额。我们公司每两个月就要求每名销售人员必须销售两个前端产品，如果不销售两个前端产品，级别降一级。

比如你是卖裤子的，要找代理商、找合作伙伴。你有两种做法：一种是对方一年给你多少钱，你给对方多少条裤子；一种是对方给你1000元的押金，你就给对方价格超级优惠的裤子。这裤子你不赚钱，就放在对方那里卖，对方卖了以后再跟你谈代理商的合作。这样你就可以迅速把全国的代理商都找过来。

裤子这个前端产品能够让所有卖裤子的人和你合作，于是你就建成了一个沙滩，沙滩建完以后，你就可以从中找到有经济实力和有管理能力的人。当然，很有钱的人不一定能帮你卖东西，因为他可能没有团队、没有管理，他甚至还有一个梦想，就是给你20万元代理费以后，就等着从你身上抽钱，你要帮他去处理，求着他卖东西。这种人你要过滤掉。

第八项是赢利比例占比。赢利比例占比是指所有分支机构利润超过 10% 的产品数量占总数量的百分比，比如规定要超过 50%。责任人是 CEO、子公司总经理。

第九项是超过销售数的区域数。比如我们公司规定超过 100 万元销售额的分支机构要占总数量的 50%。责任人为 CEO、子公司总经理。

第十项是超过销售额的团队数。我们公司这个规定是强制性的，对于一个分公司的老总来说，我要求他每个月至少要有两支能销售出 30 万元产品的团队。

第十一项是客户后端销售数。客户后端销售数是指后端产品的总销售额，比如我们公司规定人均客户消费超过 20 万元。责任人为子公司总经理、销售管理者。

作为老板，只要给员工制定了一个合理的销售目标，他便会自己想办法达到目标了。我给我们公司做了一大堆指标，这些指标的目的和作用是什么？比如总销售额的目的就是要赚钱，预收款的目的就是要利益兼容，定金就是要客户数，呆账额就是要降低销售风险，销售百分比就是要全面开花，前端产品销售额是要增加客户数，赢利公司的比例就是要增加整体实力，超过规定销售数就是要让总销售额提高，超过销售额的团队就是要让我的销售团队提高，后端产品销售数就是要提高利润率，因为后端产品利润率高。

假如你公司来了一个总经理，你对他什么都没有要求，一下就给他 20% 的股份，还承诺年薪 100 万元，这样的傻事以后就别再干了。遇到这样的情况，你可以承诺给他一定的工资总额，但要要求他完成你制定的 6 大指标。其中第一大指标就是销售额指标，你问他能做到多少，他能做到多少就拿多少钱的年薪。如果他做不到，还找他做什么。他能帮你挣 1 亿元，你给他 2000 万元也是正常的。他敢帮你挣 4 亿元，你就敢给他 3.5 亿元，自己只留 5000 万元。但是，千万不要凭感觉定工资，一定要用数据说话。

我跟合作伙伴从来就是这样说的。比如我一个月挣 100 万元，如果与你合作，你能一个月挣 1000 万元，我就给你分 800 万元，因为有你在，我的收入就从 100 万元涨到了 200 万元。我不考虑你挣多少钱，先考虑我能挣多少钱，我已经翻一倍了。你能挣 10 亿元，我就给你分 8 亿元，你只要有能耐就行。我的股权从来不按百分比分。但是如果你没有能耐，只是一个执行者，原来我给你 20%，后来靠我自己的能力把公司利润变大了，可能给你分成的比例变成了 5%。我再做大，就给你 1% 了，但我会承诺维持你年薪 50 万元的标准。也就是说，如果是凭我自己的实力，无论我做得多大，你的收入总额不会变，只是我给你的分成比例会变。

有一次，我跟老婆一起交流时讲到夫妻之间就是谈数据，爱也是要用数据来证明的。如果老公跟你结婚10年了，没有往家里拿过1分钱，他说他爱你，这不是开玩笑的吗？老公对老婆的爱用什么来表现？老公挣10元，把这10元都给老婆。爱的程度大小也是有百分比的。如果老公挣1000万元，一年只给家里50万，这不叫爱，这叫包养。如果老公挣了10元，都给了老婆那才叫爱。

也许这里的观点有点偏激，或者根本就是错误的，但我想告诉你的是：合作就是要看数据，拿数据来说话。

成本

从宏观讲，成本有销售成本、销售公关成本、销售集成成本、办公成本、管理成本、原材料成本、折旧成本等。这在前文我们已经讲过。

有的老板说自己没钱，为什么没钱？我们分析了一下，发现他开了个A店，挣了钱去开B店，B店挣了钱，又去开C店，开了C店以后，又开D店，再开E店。但有一件事情他忘了，那就是他总认为这些店是自己的。其实，这些店可能已经不是他的了。比如，一个饭店3年以后就不是老板的了：

- 房子不是你的。

- 房子装修几年以后又要装修了。
- 锅碗瓢盆都已经不值钱了。

当开了E店以后，A店要装修了，B店的设备要换了，这样循环着，于是他感觉自己永远没有钱。所以，价值和利润要先减去折旧，千万不要认为工厂永远是自己的。

比如买房子，当时是一个价钱，买房子第五年时房子的价钱会略涨，买房子第十年时房子的价钱会涨更多，买房子第十五年时，房子的价钱到了最高点。但从第十五年以后，房子的价值就会急剧下滑。专业炒房的人，一定会在房龄十五年前出手，否则就很难卖掉了。

做企业也是一样，很多价值不一定是你的，这些价值到一定期限会消失得无影无踪。另外还有税金成本、预算误差率、后端产品利润等。成本的指标非常多，可以加，也可以减。

用最少的人创造最好的业绩，是企业家必须面对的一个话题，因为法律条款规定用人必须要付出工资、奖金、福利、保险等。**人力资源的最高境界就是不用人也能把事办成，能少用人就不多用人。企业要茁壮健康成长，秘诀之一就是尽可能把用人的成本降低。**

比如一个饭馆有22个服务员，如何变成用12个人就把问题解决了，这就是企业需要认真考虑的问题。因为随着时代的发展，人工成本将大幅度上升。我预计5年内人力成本一定会上升3倍。比如以前招一个助理很快就可以招到，经过培训就可以上岗了。现在不是这样了，现在想要招一个助理，要先签劳动合同，不能随意开除，要想提前解除协议，必须给至少3个月的工资，不再像以前那么随便了。所以，我们只能让工作更具竞争力，产品更有竞争力。

劳动力问题是未来几年最制约企业发展的问题。我们公司现在已经有2000人了，根据公司目前的规划，做到2014年就有6000人，6000人在日本是折合人民币40亿～60亿元产值的公司规模。人员成本问题摆在我们面前，必须要解决。

之后要考虑的是赢利点在哪里？招来了员工就要对员工负责，因为他们背后都是一个家庭，都不只是一个人的问题。

有人会说，成本包括销售成本、销售公关成本、销售集成成本、办公成本、生产成本、管理成本、原材料成本、办公成本、折旧成本、人工工资和奖金成本、税金成本、预算误差率、后端产品利润率等，我们的财务人员做不出来这么多项目啊？财务人员如果说做不出来，就把他辞退。因为这些数据，财务人员应该每个月都给你一份报表。

在我们公司花一分钱都要做预算，没有做预算，一分钱也拿不走。你现在就可以让财务给你做出一个预算表。想花钱就必须做预算，这样你查看公司的账一下子就明白了。公司的账目说白了就三件事：第一是做账，第二是账号，第三是账号上的钱，简称“账号钱”。

我们公司花钱就是几方面：第一是做投资，投资要做预算；第二是正常的运营，比如开个会，要做预算；第三是发工资，要交税，比如这个月你从公司拿走提成 5 万元，我要把你个人所得税直接扣了；第四是做营销推广。公司账号里的钱进出都要有预算。

如果你的公司没有做预算，我建议马上让财务做预算，做完预算，可以使你的管理费用至少比上一年节省 25%。大家挣完钱，把钱给大家分了，这叫大气。但花钱要小气，因为花的每一分钱都是大家辛辛苦苦从市场上挣来的。

大部分公司的利润率都很低，假如利润率是 10%，那相当于企业要花 10 元，就要让员工到市场上销售 100 元的产品，这很难吧。所以花的每一分钱都要做预算。各个岗位都要做预算，没有预算不要花钱。哪个高管敢随便批钱，批错了，批多少，就在他的奖金里扣多少。一定要把预算成本控制当成非常重要的工作来抓，并且这个工作是跟每个人都有关系的。别装大方，今天请谁吃饭花 5000 元，明天送谁礼品花2万元。**很多500强企业都是精细化预算到每一颗螺丝钉的。销售额减成本等于利润，增大销售额、降低成本就是日常运营重要的工作。**

市场开发

公司最核心的利润是金标市场——最核心的市场创造的。

我们可以把市场按星座管理法进行管理。什么是星座管理呢？就是把公司的市场相应地分为几个星座区域来进行管理。那么，星座管理具体怎么操作呢？

第一，人力资源可以内部调配。北京培养的人往石家庄派，往郑州派，往济南派。广东培养的人往东莞派，往中山派，往江门派，往香港派，往澳门派。上海培养的人往南京派，往徐州派。星座内培养人才、调动人才是公司的权力，比如总部可以将北京公司的副总调到石家庄公司担任老总。

第二，星座市场内可以做业务，但不可以跨星座做业务。公司还出台一个规定，北京公司的人可以做山东公司的业务，也可以做河北公司的业务，也可以做河南公司的业务，但不能做南京的业务，也不能做广州的业务。你可以做自己大区内的业务，但是不能到别的星座区域去做业务。

一个星座区域里有强势、有弱势，可以让强势的帮弱势的。

这种市场管理方式叫作星座管理。星座管理规划企业的大市场，大市场中的强市场帮助弱市场。强市场负责人可以取得一定的奖金与提成，比如北京公司帮助了张家口公司，北京公司的负责人就可以得到一定的奖励。划完区域，有的地方弱，弱的可以向强的寻求帮助，强的提供帮助以后，要从弱的那里拿走一部分利益。

第三，同等市场调任保持相关调任者的3个月利益，晋升调任时不保持利益；晋升开新项目，保持6个月利益，从大市场调到小市场，保持 6 个月利益。比如南京市场刚开，从郑州公司调一个老总到南京公司担任老总，郑州公司的分红还继续给他 6 个月的，6 个月后就不给了。当然这个时间是可以微调的，我们只是告诉你一个指导思想，这个老总调走，原公司会调一个副总管理公司，但这个副总暂时不会拿总经理级别的工资。比如我们给老总 10% 的分红，现在是刚把副总提升上来管公司，那他可能会拿到 5% 的分红，也就是会稍微下降一定比例，等他转正了再拿一样多的。

有几句话很重要：

- 第一，我不调动，我帮你，我要有利益。
- 第二，不能做“星座”以外的市场，但是“星座”内的可以做。
- 第三，集团公司可以进行“星座”内人员调动，但调动牵扯到利益问题，要按管理的办法执行。

❷ 管理成熟度目标设定

企业家一定要解决以下几件事：

第一，显性股东和隐性股东权益合同化。显性股东与隐性股东固定权益是企业家要明白的事。凡是公司章程上有名的全叫显性股东，凡是单方面给股份的，或者投完钱但是章程上没有的，叫隐性股东。不管是显性股东还是隐性股东，一定要与他们签订合同。

我有一个朋友，他用他爸爸的名字办了一张卡，大概存了 1.9 亿元。突然有一天，他爸爸去世了。如果遇到这样的问题怎么办？还有一个朋友，用他弟弟的名字注册了新公司，注册资本 2.2 亿元，他弟弟事实上是一个后勤部长。用他弟弟的名字注册，是因为当时注册牵扯到银行贷款的问题。要是他弟弟想霸占公司，怎么办？这都是我们要探讨的问题。

第二，薪酬机制，股权激励机制，考核机制立即实施。

第三，商业保密书要签订，总部的所有人都要签商业保密书。

第四，对人才进行三位一体的考核，分别是业绩指标考核、人才培养与团队指标考核，管理制度建设与执行指标考核。也就是说，对人的考核不能单从某一方面进行。

第五，产品产权化，品牌商标化，网络权益化。比如我们公司品牌叫“长松”，现在我们已经注册了很多商标，并且每年大概注册十几个商标。海尔公司注册商标的行为你可以参考，如海尔、海尔尔、海海尔、尔海、海尔小王子……它注册这些是为了防止别人模仿，这是需要立刻做的事。

产品研发

一个公司没有产品怎么行？不管你是代理别人家的产品，还是自己生产产品，都必须要有产品。然后要有市场，即要解决在哪儿卖的问题。然后找人才，解决谁来卖的问题。卖多少钱，有多少成本，利润是多少。这是销售额、成本、市场、产品、人才、系统六者之间的关系。

我们公司 20XX 年的目标是这样的：

第一，要出 10 套微课，3 套书籍。前端产品要出 3 个工具包，每个销量至少达到 2000 套，后端产品再添两个系统，每个系统达到 400 家以上客户。这是产品设计目标，这些目标全部实现以后至少增加 1 亿元的销售额。

第二，产品的标准化，20XX 年会将新产品全部文字化、标准化、交付标准化。

第三，产品考核，新产品实现销售率达到 100%，只要研发出来的新产品至少得见到钱，前端产品销售额达到1亿元，产品竞争在同行业排名第一，责任人为CPO、技术经理。

4月份，我把组织系统工具包升级，并重新拍，这个新产品研发投入就高达上千万元，但如果我们不研发新产品，自己就会把自己淘汰了。所以要在顾客淘汰你之前，主动淘汰自己认为不完美的产品，这样才可以领先于行业，带动行业，做到企业的自我超越。

很多企业都是社会把它们逼得没有退路的时候，才去改革，那就晚了，就会出大事了。谷歌公司发明了谷歌眼镜，就是以后我们不用找固定屏幕去看视频，只要一戴上这种眼镜，屏幕就可以从眼镜里显示出来。谷歌公司还宣称将发明电动自行车，它可以根据你从谷歌网站上买的东西，自己导航送到你家里。你头一天晚上下的订单，第二天打开储物箱，货就已经到家了，完全不需要人工。所以谷歌电动自行车的规划一宣布，联邦快递马上就紧张了。

真正的竞争是与昨天的自我竞争，这样的企业才有社会价值。有一些产品不是顾客买了之后感觉不合适，才不再选择你的。不会自我淘汰是很可怕的。奥巴马发表的“国情咨文”讲话中，有这样一句话，“我们要主动自我淘汰，自我淘汰我的意识”。他做了一个解释，“这个社会其实在我的心目当中没有资本主义，没有共产主义，没有社会主义，只有落后的社会意识和先进的社会意识，我们要主动淘汰落后的社会意识”。

人才培养

解决了销售额、成本、市场、产品等固有问题之后就是如何复制人才了。

一个人一年只能培养2个人。管理骨干、技术干部也要无条件地每年给公司培养 2 个合格的人才。为什么解决人才培养的战术非常重要？比如我是公司第一代，可以培养 2 个人。我培养 2 个就够了，任务就完成了。但我只是能培养某个人的某种技能，全面的人才培养根本就没有那么多的能力去做。

为什么很多公司没有人才？就是因为培养人才的代数不够。老板只是一个人在那儿培养是不够的，只有全员培养人才，才会有人才。老板自己培养的 2 个人，也有可能会流失，所以到最后还是没有人可用。有的公司一有人准备离职，就会苦苦哀求，不让他离职。因为公司的储备干部不够，所以只能苦苦哀求要离职的员工。如果你培养了 12 代人才，有人要离职你就会祝他一路顺风了。因为公司有很多人才，不怕他一个离职的。

如果你有 10 个分公司，同时有 4 个分公司的总经理向你提出辞职，你面不改色，他们走了之后，后面的人就顶上来了，这就说明你的人才培养思路已经打通了。如果 1 个人要离职，你就感觉天要塌下来一样，那说明你的公司人才培养体系还有问题。

培养人才很重要，这个理念要告诉公司里的每一个人。

在中国培养人才有一个好办法，就是师傅带徒弟。如果你有 30 个分公司，其中 20 个公司的老总有一天突然离职了，你只要把下面的人往上提，业绩完全不受影响，那么你的公司就没有任何问题。

在培训行业中有 3 家公司做到了这一点，一家是聚成企业管理顾问有限公司（简称“聚成”），一家是上海行动成功管理技术股份有限公司（简称“行动成功”），一家是长松咨询集团。聚成 2003 年就成立了，第一代现在基本上都换完了，第二代也已经换了一半了，第三四代做总经理已经有好几轮了。只要有这种人才培养的思路，企业就没有问题。

一个公司的组织机构中首先要有一只“老虎”，“老虎”下面有“猎狗”，“猎狗”旁边有“快马”，“快马”旁边有“黄牛”，“猎狗”下面又有“猎狗”，“猎狗”的旁边还有“猎狗”，“猎狗”的旁边还有“小白兔”，“小白兔”旁边有“老白兔”。

“老白兔”是经过培训训练，经过改革彻底没希望的一拨人，“老白兔”最后的命运必须得进行市场消化，千万不能留，因为他会把公司很多文化带坏。我们要尽快跟所有人签订目标规划书，签完目标规划书，“老白兔”就会受不了，因为过去从来没有人考核过他，就是拿死工资，干一年是一年。如果签了目标规划书，“老白兔”用不了一年就被市场消化掉了。

“猎狗”是做出业绩的人，“黄牛”是搞财务的人，“快马”是搞行动的人，“小白兔”是未来有希望的人。我们的要求就是决策要准，财务要精，行动要快，营销要强，这样，这个团队就是强悍的团队。

很多公司没有搞清楚这个逻辑关系，于是养了很多“老白兔”。想让“老白兔”现身有三个办法：第一，业绩数据目标；第二，人才培养指标；第三，管理建设指标，也叫团队建设指标。对员工做这三个指标的考核，“老白兔”就会现身了。有的“老白兔”连业绩都做不出来，有的“老白兔”虽然能做出业绩来，但是讲不出来，有的“老白兔”能做出业绩来，也能讲出业绩来，但是拢不住人。

人的意识的高低不取决于能力的大小，而取决于对上级的臣服程度。臣服的要求可不是听话，不是要求下级，而是要求上级。上级没有资格支配资本让别人臣服，所以上级要做到三条：第一，在利益冲突的时候保障下级的利益；第二，在担当责任的时候担当主要责任；第三，在技能培养的时候主动培养。想要别人对你臣服，就要做到这三点。

一个公司人才的多少取决于培养过程。比如在一年中，3月可以梳理企业的战略规划，由董事会完成；4月规划公司的关键人才（包括子公司总经理、CFO、营销总监、工程研发师、采购经理、培训部经理、客户总监、行政总监、HR经理），梳理每个岗位的重要工作内容，核心价值与核心技术；8月完成公司的企业文化精神使命、核心岗位技术、专业岗位技能，并编写教材；10月培训培训师，对总监及技术人才进行不少于40个小时的讲师训练，并过关，要求公司培养4～5名能够讲课的人；11月进行首批关键人才培训，其中包括榜样复制、动作分解、举办培训班。

如果你想从人才市场上招到你想要的人，这叫白日做梦，是不可能的。所以还是要自己训练。当有一天你对人才市场的幻想破灭的时候，就是你真正强大的开始。你把人才市场的“小白兔”“猎狗”“老白兔”都招过来统一训练，按照上文所讲的办法和步骤进行就行了。

有的人要钱，有的人不要钱。不要钱的人可能会被淘汰，因为不要钱的人也懒于干活。要钱的有两种人：一种是有钱，有责任感；一种是要了钱，也无责任感。无责任感的人肯定被淘汰。有责任感要钱的人又分为：既有责任感、有能力，又要钱的人，以及有责任感、无能力，但要钱的人，没能力的人肯定会被淘汰。我们要一步一步地筛选，把想要的人筛选出来。只关注钱，只要钱的人，早晚会被淘汰出局的。

我们要通过价值观熏陶去影响员工。这个社会有很多价值观陷阱，很多观念都是投机的，这是很可怕的。所以企业文化精神、企业岗位使命、岗位责任等都要编写到教材里。然后按上文说的去操作就没问题了。

人才培养有很多办法，一般情况下，越后面代数的人质量会越高，不会下降，原因是第一代企业家可能学历不一定很高，后面的人学历会高一点。人才质量的高低除了和培养有关，还和组织的胚胎有关。第一代企业家受教育水平有限，而现在很多干部接受过良好的教育。

这样，胚胎不一样，代数质量会随着越来越高。另外，对人的培养不单靠上级培养，公司的大环境也很重要。

20XX年春节的时候，大家都回家过年了，而我们公司的人那时候就已经开始学习了，春节学一天比平常学一个月效果还好。学习主题是从知识改变。不光要培训，还要复习，考试不及格拿不到证书，没有晋升机会。

我发现有的员工连公司成立于哪一年都不知道，股东也会有几个不知道的，卖的产品是什么也不知道，怎么生产出来的也不知道，报销流程是怎样的也不知道，企业文化是什么更不知道。不过如果你告诉他们，如果弄不清楚这些，一个月就少500元，他们立马全知道了。

团队成长，这家企业才会有竞争力，仅仅靠老板自己的成长是不够的。我们公司的培训都是员工自己掏钱去学习的，因为只有自己掏了钱才会好好学。很多顾客强烈要求参加我们的这种学习型春节，但我们一般不对外。

这几年，时代变化应接不暇，网络化、信息化、产业化、科技化、文化服务化，你再不成长就要失业了。有的员工说，“我不掏钱，我也不学”。我们公司规定不学习就没有结业证，没有结业证就上不了岗。在我们公司是凭证上岗的，想当主管必须得有储备主管训练营结业证，想当经理得有储备经理结业证，想当总监有储备干部结业证，想当总经理有储备负责人结业证，没有证就没有职位，就像想开车必须有驾驶证一样。

培训具体如何做呢？我们推荐三种办法。第一种办法，榜样复制。就是由英雄、冠军讲课，以老师带徒弟的方式，谁当了冠军谁必须得给别人讲课。第二种办法，动作分解。把优秀的工作方法技能变成文字，形成流程，然后进行学习通关，获得资格证书。第三种办法，举办培训班。包含技术培训班、储备干部培训班、储备负责人培训班，通过培训班考试获得资格证书。

假如你有三家公司，下面马上要开第四家。这时就要解决销售手册、财务、风险管理、招商手册；就需要由职业经理人按照以上标准进行扩张，而非老板自己亲自上阵。凡是做扩张的、做招商的、做连锁的事情，老板不能插手。因为老板一插手扩张就可能效果不大。

有一个广西南宁的学员，我问他的公司是准备直营还是扩张，他说准备招商加盟。我当时没有说话，因为招商加盟这并不是老板做的事，应该由职业经理人做。但是职业经理人要想把这件事做好，就需要在前期准备很多东西。我们公司的代理商招商，从来都和我没关系。我都不知道哪有代理商，也不知道是谁招的，我只知道总数，每个月贡献多少销售额。作为老板，如果想把每个机构都管理好，绝对会累死。

我们公司在全国有很多分子公司，我们把第一个市场称为金标市场，比金标市场略差的叫蓝标市场，比如新公司新开的市场是蓝标市场。蓝标市场下边的叫绿标市场，就是有利润市场。我们公司资源有限，所以需要做招商，于是每个月都要开招商会。

有三类人可以当分公司总经理：第一类是销售冠军、管理者；第二类是管运营的人，就是日常行动管理的人；第三类是有核心的营销意识的技术管理者。销售管理者必须完成总经理指标，参加学习通关，培养人才达标，管理满足度达标才可以；运营和技术管理者在本指标完成的同时，还要到子公司实习挂职，到达营销总监级别考核的业绩要求，并参加培训通关。这是当直营公司负责人的指标。有些公司发展太快了，适当降低标准是可以的。

想当我们的代理商有什么标准？第一，投资款达到最低规定的投资款。第二，团队质量要高，不能只要有钱就行，还得对团队有要求。第三，从业经历适合，与代理商要求匹配。第四，机会多不多，有的老板做了代理商，但是他的机会太多了，根本没有把我的产品当回事，觉得是可做可不做的。对于这样的代理商，我要说对不起，我不合作，我要和那种愿意把我的事当成主要事情来做的人合作。

系统建设

老板必须干的事是注册公司，进行股权激励，制定公司基本制度、薪酬制度。由公司派生出解决产品系统、专利系统、产品交互系统。

北京有个饺子馆，老板是新加坡国立大学的 EMBA 专业人士。我去他的饺子馆里吃饺子，他介绍说他今年准备扩张多少家店。我说他扩张不了，他扩张店会死的，因为他的路线图不对，饺子馆里有很多问题都没有解决他就去盲目扩张，扩多少死多少。很多老板是越做越累，就是因为好多事没有解决就去扩张了。

营销系统包含了产品交付和销售方案，销售平台包含了团队打造、销售激励、薪酬机制。财务系统是由 CFO 建立，没有 CFO 只能由老板来建，包含税务系统、统账系统、成本系统和风险系统。

组织系统的责任人是 COO，包含责任系统、薪酬系统、绩效系统、账面系统。我们的目标是通过用两年时间打造“3+2”模式，3 是薪酬、绩效和竞争，2 是销售手册和产品体系。只要你的企业能做到这 5 点，就已经是非常了不起的了。简单地说，就是企业要打造“3+2”为一体的运营模式。这是企业的目标。

目标理念已经非常健全了，接下来就要将目标分解下去，一个目标责任体系要形成一个表，这个表最核心的有两个方面：一是薪酬结构，二是产品利润分配流程。

（1）薪酬结构。薪酬结构一般是固定工资 + 绩效工资 + 补贴 + 利润提成。

假如我们找了一个 CEO，跟他谈薪酬：基本工资 5000 元，绩效 5000 元，补贴销售额的 1%，20% 的利润中 12% 当月发放，年底 8% 做绩效考核，年底结束做收入考核。其中工资与日常比例挂钩，绩效工资与月度考核表挂钩，销售有 1% 的补助，全部实现考核为 100 分，如果实现得多，拿 10% 的利润分红，年终利润实现 1500 万元的纯利润，公司另行奖励 50 万元。

考核分为几个方面：第一，销售额实现 6000 万元，6000 万元以上得 40 分，每少 100 万元扣 2 分，最低得 0 分；第二，产品交付率 10 分，要求达到超过 90% 的产品交付率，每少 1% 扣 0.5 分；第三，新市场开发，交付城市效果 6 个，直营公司达到 10 个，年度计划实现的是 5 分，没有完成的 0 分；第四，产品设计 5 分，6 个企业升级的产品每少 1 个扣 1%。16 个专职培训师，达标了 5 分，没达标 0 分。

系统建设方面，要建设组织系统、财务系统、交流系统，全部达标 5 分，少一项扣 2 分。干部培养，其中培养 10 名业绩超过 50 万元的子公司的总经理，30 名月度超过 20 万元的总监，管理人员超过 6 名，少 10 个人扣 1 分，总共 5 分。利润 15 分，达到 800 万元以上纯利润 15 分，少 20 万元扣 1 分。多了奖励 50 万元，即该拿的全部拿走以外再加 50 万元。比如说这个月公司挣了 150 万元，你拿走 20%，就是 30 万元。也就是这个月有可能是 30 万元做考核基数，也有可能是 50 万元做考核基数，1 分到底值多少钱要看这个月的利润。

比如一个员工这个月得了 91 分，对应的系数是 1.0，就表明他可以拿 5000 元。千万不要直接把绩效考核得分和绩效工资相乘，因为员工很难在当月拿到 100 分，所以得有一个换算系数，即 95 分以上就拿 6000 元，90 ～ 94 分拿 5000 元，85 ～ 89 分拿 4500 元。

比如我这个月得了 83 分，拿 4000 元，也就是说，所有的绩效考核必须从得分换算到系数。你给公司挣 100 万元，你的提成是 20%，相当于 20 万元，其中 12 万元当月给你了，还有 8 万元要做考核，到底拿 8 万元，还是拿 7 万元，还是不能拿，要跟考核表挂钩，按季度考核，这 8 万元就是个基础价，下一个季度跟这 8 万元没关系。第二季度如果你给公司挣了 200 万元，你拿到的提成就变成 40 万元，其中 24 万元可以直接拿走，还剩 16 万元乘以第二个季度的系数，假如季度得分是 100 分，系数是 1.2，即 16 万元乘以 1.2，得到 19.2 万元。这就是第二个季度的奖金，年底的奖金就是四个季度的奖金之和。

大部分员工是得不了 100 分的，得分在 72 ～ 82 分之间的人是最多的。如果按照这个绩效考核得分直接给员工算工资，他们永远也拿不到奖金。所以制定系数的时候，最高是 1.2，最低是 0，卓越优秀的员工可以拿到 1.2 的工资，优秀的员工就拿到 1，让更大一部分员工可以拿到 0.9，再差的员工就拿 0.8，这样是比较科学的。

60 分以下就没有绩效工资了，得 60 ～ 64 分就拿 40% 的绩效工资，65 ～ 69 分能拿 50% 的绩效工资，70 ～ 74 分就拿 60% 的绩效工资，75 ～ 79 分就拿 70% 的绩效工资，80 ～ 84 分就拿 80% 的绩效工资，85 ～ 89 分就拿 90% 的绩效工资，90 ～ 94 分就拿 100% 的绩效工资，95 分以上拿 120% 的绩效工资。

如果员工有请假，不超过 5 天扣基本工资，奖金是不允许扣的，绩效工资也是不允许扣的，请假和固定工资挂钩。绩效工资与月度绩效考核挂钩。但是请假超过 15 天以上，公司可以出台没有绩效工资的政策。

提成和目标挂钩，比如与销售目标、研发目标、生产目标挂钩，其中管理人员请假 2 个月以上可以取消提成。比如你是销售经理，下面带 20 个人，结果你自己干了 3 个月就走了，虽然你的团队还可以继续产生销售额，但你就没有了提成。主管人才请假超过 1 个月可以取消提成。假如一个总经理到云南担任总经理，干了 3 个月以后读在职研究生去了，虽然公司的品牌文化都比较不错，公司仍然会继续产生利润，但类似这样的情况，就没有这位总经理的提成了。

利润分红与战略规划挂钩，在这个职务上就享有这个职务的分红。法定假日享有利润分红。另外休产假期间也是有分红的。

如果节假日要加班，公司要付 3 倍工资，这主要是针对基础岗位的人员。高管的 3 倍工资就是指基本工资的 3 倍，提成是不会涨的，和奖金分红也没有关系。

还有一种情况，请假后需要有人代理工作，代理人一般享受不少于 50% 的分红。假如你因病、个人私事请假 3 ～ 6 个月，需要小王代理你的总经理工作，你办完事回来，你还是总经理。遇到这样的情况，公司可以规定你和小王之间的分红比例，他拿至少 50%。因为由他主持你的工作，很多时候是三七开，他占七，你占三，你象征性地保留一些分红。

这样做是为了避免一些问题的产生。比如你做医疗器械代理，只要医院的关系维护好，就会不断有利润，如果这时你请假自己去创业，但又继续拿工资，这是不被允许的。所以，公司要制定一个规则避免此类事情。

这时，公司的制度可以变成法律，但如何变成法律要有一个流程。第一步，由专家加公司高管起草相关制度。第二步，对员工进行公开公布，征求意见。第三步，职工代表大会审议并签字。第四步，颁布制度并学习。这是综合利益规定的法律制度。

（2）产品利润分配流程。产品利润分配流程采用的是谈判制，就是由公司出台利润的标准交由营销公司谈判，做规定并变成法律制度。

一般来说，营销型的岗位规定基本工资收入较低，绩效加奖金较高，平均比例为3：7，即一个人要是赚1万元，3000元的底薪，7000元的奖金。假如这个月一个人拿了5000元，那基本比例就是1500元的工资加3500元的奖金。

管理型岗位固定工资与绩效加奖金的比例为6：4。一般情况下，研发型技术固定工资较高，奖金与绩效较低，比例为8：2。技术服务型岗位为固定工资较低，奖金绩效较高，比例为3：7。

有人问为什么要等到年终发奖金，而不是每个季度发一次奖金。有的公司有季度考核，还有年终考核；有的公司只有季度考核，没有年终考核；还有的公司没有季度考核，只有年终一次性考核。每个公司的具体情况不一样。

一个指标有四项内容，分别叫作指标名称、权重、指标的定义、计算方法。假如一个子公司总经理的销售额权重为30%，计算方法是：销售额在200万元以上为30分，每少20万元扣1分。

这是标准的制表法，至于各个指标的权重具体占多少，根据不同的行业、不同的时期而有所不同。计算方法是由公司的特征与特性决定的。

作业：

❶ 制定本年度企业目标与指标，至少写上40个以上。

❷ 做一个目标责任书。

05

第五章　薪酬分配：有钱分，心甘情愿跟绩效死磕

一、科学的分配机制全面激活企业

企业可以通过科学有效的分配机制，让员工发挥出最佳的潜能，为企业创造更大的价值。激励的方法很多，薪酬可以说是一种最重要的、最易运用的方法，有效的薪酬激励可以使员工拼命完成企业工作目标，甚至超额完成目标。为了比较全面、系统地采用薪酬激励方式，需要对企业的财务情况进行梳理，使用清晰的核算方式确定成本计算对象、成本项目，最后开设明细账，清晰企业的利润空间，采取不同的激励方式对企业的高管进行激活。

这一章的重点是如何分钱。每年我都会去很多家企业做调研，发现很多企业的薪酬制度是有问题的，主要表现在以下几个方面。

首先，指导思想有问题。很多企业并不知道应该怎样设计一套科学合理的薪酬体系，都是凭感觉设计的。

其次，平衡有问题。很多企业并不知道在不同的发展阶段，哪个阶段应该薪酬高，哪个阶段应该薪酬低。

再次，计算标准有问题。薪酬体系设计到底用什么来做参照物，评价标准是什么，晋职和降级标准是什么，这些问题搞不清楚，必然会出问题。

有一次，我在郑州上课。当天晚上有四五位老总跟我谈薪酬问题。其中有三位老总是因为在跟别人谈合作的过程中没有说清楚薪酬，导致后来出现了很大问题。

作为企业操盘手，要在充分了解企业薪酬管理现状的基础上，确定薪酬分配的依据和原则，合理分配薪酬。

❶ 工资

员工的薪酬应该怎样设计？工资有高与低的区间。比如，给员工10000元的工资，企业的成本是多少？按照国家法律规定，10000元的工资大概个人所得税大概是300元左右，企业给员工缴纳社会保险，大概要2700元，还有住房公积金5%～12%，加在一起，一个工资是10000元的员工，企业要为他支出的所有成本大概平均要14000元左右。

所以，员工的薪酬不宜太高，当然也不宜太低。如果太高，你的成本就吃不消了，还得重新设计；如果太低，可能就留不住员工。

前文说过，对新员工产生直接影响的不是工资，而是他对企业产品与企业前景的感觉。什么时候他才会谈工资？进入企业第90天的时候他才会谈工资的高低。

有个员工在我们公司10年了，他刚来我们公司第一个月的工资是1300元。首先我知道这个工资很低，我知道1300元基本生活不下去。经过测试，一个新员工来到我们公司第一个月必须要向别人借400元。这个月他就等于亏损了400元。亏损400元导致的结果是凡是第一个月到我们公司连一本书都卖不掉的人直接就走了，能够卖掉一些书的人进入第二轮。第二个月的工资还是1300元。如果这个月再亏损，又要借400元。但基本上到第三个月，一般都能卖出去书了。这时候也可以给他们加工资了。

什么样的公司工资可以适当高一点呢？足疗行业可以高一点，因为这个行业员工前期要有一个培养期，得教员工如何做足疗。培养期的工资是1500元加1500元补助，共3000元；也可以是2500元加2500元补助，共5000元。不过你要非常明确地告诉员工，另外的1500元或2500元是因为他在培育期，不在培育期就没有这份补助。

虽然新员工不会在乎第一个月的工资，但也不是永远不在乎。一般来说，员工入职30天以后就开始关心公司的机制、薪酬，入职90天后他非常关注晋升、培训，入职365天之后他非常关注企业价值观、企业文化。如何做考评，如何做好价值评估，是我们在薪酬里最应该注意的。

常见工资种类及分配方式

常见的工资包括以下几种：

第一，保底工资，也叫固定工资，是指为了基本生活设定的工资。保底工资与出勤率挂钩。

第二，绩效工资，是指工作技能在岗位上的表现产生的结果分数，得到的工资与考核表挂钩。

第三，业绩提成，是指岗位目标、业绩实现后的提成。比如生产完成量、销售额、关键人才培养数等都可以作为业绩提成计算。

第四，岗位利润分红，是指为岗位的关键人才规定的一个核算单位的分红百分比。

第五，岗位补助，是指为岗位人才生活与工作所提供的分配比例。

第六，计件工资，是指岗位工作进行计件而获取的合格产品提成。

第七，项目提成，是指完成项目后获利得到的奖励。

第八，专利利润提成，是指团队或个人研发专利后获得的奖励。

第九，环节提成，是指一个项目的某个环节完成后获得的提成。

第十， 超产奖，是指超额完成冲刺目标后的提成。

第十一，事业部分红，是指事业部团队获得的分红百分比。

第十二，股权分红，是指管理者参与公司股权激励而获得的分红；股份分红是指投资者因投资获利而产生的分红。

第十三，年终工资，是指在公司就业时间较长而获得的就业奖励，也就是老员工可以得到的一个奖励。

比如某企业去年的利润为600万元，今年的目标是1000万元，今年的保底目标为900万元，目标增长为保底增长300万元，效益是600万元。从理论上讲，如果今年的利润在600万元以下，员工就没有效益工资。但是我们公司不是这样做的，我们公司是从300万元起有提成，因为去年的利润是600万元，今年如果再完成600万元的利润，他一分钱的提成都没有了，所以要先降低标准。因为去年是我们拼了老命才挣到了600万元，拿这个利润给新人做起点，新人肯定是做不了的，给新人的任务不能用600万元做起点，但是我们也不能以0为“起步价”，这样也不能体现出新人的价值。

所以，我们以300万元做起点，300万元以下的利润没有分红，300万～900万元之间有600万元，600万元乘以提成比例10%，就是提成60万元。利润300万元以上提成的比例为10%，利润在1000万元以上提成比例为11%，叫超产奖。

一般来说，工资的分配措施是这样的：业绩型岗位可以是固定收益占40%，效益收益占60%。好多人认为，年薪100万元就是100万元除以12个月，大概每个月给八九万就行了，其实不是这样的。固定收益里，固定工资占40%，绩效工资占60%，这是最安全的计算方法。固定工资也可以这样分配，商业保密金加岗位津贴4万元，固定工资12万元，绩效工资分别是3万元、2.5万元、2万元、1.5万元、1万元这几个等级。

商业保密金是什么？就是如果你泄密了，要赔偿公司 100 万元。如果你不泄密，公司可以每个月给你一些钱，这些钱的数额可以事先约定好。岗位不同，保密的内容不一样。商业保密书就像买保险一样，如果有人不愿意签这份保密书，企业还敢用这种人吗？商业保密是职业化程度的最低标准。

关于商业保密金，有两种常见做法：第一种是公司不给你钱，你在岗位上也必须保密，如果你泄密，公司有权处罚你，这是国家允许的；第二种是公司每月给你些钱，你替公司保密。另外，还有一个处理办法就是，公司平常不给你钱，你走的时候公司一次性给你一定的敬业金，你保证离职多少年内不能泄密。这些都要在劳动合同上说明清楚。

正因为取证难，所以才要化繁为简，根据合同规定，只要泄密，就要赔偿。只要你泄密导致公司陷入了无法生存的地步，那肯定就要被追究法律责任。

三种主要工资结构形式

如果有人跟你要年薪 100 万元，你首先要非常欣赏他的勇气，之后再跟他谈具体的工资计算方法。

工资结构形式主要有以下有三种。

第一种，固定工资 + 绩效工资 + 销售额提成 + 固定提成。比如营销总监的薪酬为固定工资 2000 元、绩效 1000 元，加团队提成 1%，加个人提成 6%，加利润提成 2%。

为什么有一些岗位还有销售额提成、利润提成呢？比如有家公司有 A、B、C 三个门店，A 门店规模比较大，B 门店规模居中，C 门店规模比较小。A 门店销量大，利润高。B 门店是销量适中，利润也高。C 门店销量小，还没有利润，到最后 C 门店也许就倒闭了。所以，新店刚开始可能没有利润，这时候销售型高管的收入应该为销售额提成加利润提成，这样相对比较科学。

第二种，固定工资 + 计件工资 + 销售额提成 + 超产奖。比如有的手机销售公司用的是这样的办法，给销售额提成，就是为了鼓励员工多卖贵的手机，便宜的不赚钱的手机少卖，但这样会导致公司没办法做到全面开花。

其实我们可以这样做：销售人员的工资为固定工资 1800 元，加销售的手机数量乘以 10 元，再加销售额提成 1%，再加超产奖，超产奖一部手机为 5 元。所以这种方式不但鼓励员工去卖手机，还鼓励销售额要高，销售数量要多。如果只有一个销售额提成，就会有很多产品在仓库里堆着卖不动，因为所有人都在关心自己拿到的钱。

第三种，固定工资 + 销售费用 + 销售额提成 + 期权。比如固定工资 5000 元，加销售额 1.5% 的销售费用，再加销售额 1% 的提成，再加期权的 10%。这是比较健全的形态。也有比较简单的，就只有销售额提成。绩效考核一般跟 60% 的利润分红与 30% ～ 50% 的销售额提成挂钩。营销总经理工资为固定工资加绩效加个人销售额提成加子公司销售额提成加分红。但是这个数值不能同时用于副总和总经理，副总的提成一般不超过这个数值的 50%，即人家分 10% 的时候他分 5%，人家分 2% 的时候他分 1%。销售总监、销售经理、销售主管的薪酬结构为固定工资加绩效工资加销售额提成加特殊名额的分红。比如有 1% 的工资分红，这就是特殊名额分红。销售公司财务人员的薪酬结构是工资加绩效加子公司销售额提成（比如提成标准为 0.05%，但没有加班费），有些经常要晚上加班的岗位不发加班费，也可以给 0.05% 的提成。

如果总公司亏损，部门有没有绩效工资就看利润指标的权重了，如果权重比较高，那基本就没有了，权重比较低还是会有的。

如果销售部有三个部门，其中两个部门没有利润，一个部门有利润，依旧要各拿各的分红，没有利润就没有利润分红。

销售客服的薪酬结构是固定工资 + 绩效工资 +“孤儿客户”的提成标准的 30%+ 原销售额提成的 30%。某个销售人员离职了，他的客户就叫孤儿客户。这些客户可以直接交给客户部去管，客户部负责继续维护，产生的提成比例相对比较低，但是也要给客服人员奖励。

前文提过，所有销售人员做的业务必须要到客户部备案，如果不到客户部备案，客户资源都在员工手中，一旦员工离职了，客户资料就全部没了。所以公司出台规定，有备案的客户，财务人员才给销售人员做提成，没有备案的客户，销售人员做了业绩也没有提成。这就逼着销售人员对客户进行备案，但是公司同时要与员工签一份商业保密书，即备案的客户归公司所有，不归个人所有。销售人员辞职后，客户归客户部管。客户部维护“孤儿客户”产生的业绩提成比例比销售人员的提成比例要少，大约可以定位为原提成比例的 30%。一般来说，所有“孤儿客户”都归客户部管，新开发的客户归营销部管，营销部的客户都要到客户部备案。

还有一种情况。假如你先有了一个客户，但 7 天之内没有备案，结果被同事用来备案了，那这个客户就是备案的那个同事的。行业不同，备案的标准也不一样，比如某些行业的客户就那么几个，你全备案了，别人就得喝西北风了，所以要另签订一项协议书，拿了协议书之后才能备案。

行业不同，工作的难易程度不同，备案的标准也就不一样。有一种情况，有些销售员备案完以后，自己也开发不了，他们会让别人帮忙开发客户，开发完以后，根据公司规定，开发者拿 75% 的提成，备案者拿 25% 的提成。

客户部总监自己开发客户的提成比例是原提成的 30%，因为客户部总监的主要任务不是开发新客户，而是做客户管理和维护好“孤儿客户”。假如突然有一个客户跟他成交了，提成标准也是30%，因为一旦给他的提成是100%的话，他就会直接开发客户去了，也不做客户服务工作了。

公司可以出台一个所有人员开发客户的奖励，有两种方法：第一种方法是直接成交后给公司了，提成比例是销售人员提成比例的30%；第二种方法是把客户给销售人员，那么拿25%的提成，销售人员拿75%的提成。也有些销售人员会私下里给信息费。

这里我们主要介绍了营销型公司的利润分配方式，也就是营销型公司的三种薪酬方式。一般来说，业务员的薪酬是销售额加提成就可以了，高管人员收入的30%～50%可以作为考核，而研发型的技术团队收入差距却很大。

❷ 个人所得税

很多公司做招聘的时候，跟应聘者谈得非常简单，说：“你来我们公司上班，我们给你年薪100万元。”其实，这句话在日后会留下很多后遗症。有的老总说：“这样吧，底薪1万元，分红10%。”这句话也是有问题的，比如分红10%到底按什么标准来分？是扣完企业所得税后分，还是不扣企业所得税就开始分？还有扣完企业所得税后，是不是扣除个人所得税以后分？这个问题没有说清楚，将来肯定会出问题。

作为长松咨询集团的董事长，我个人的收入大概是这样的：虽然我是股东，但是我很少拿分红。因为公司需要不断扩张，我的主要收入是自己的劳动所得，比如版税、课酬、管理职务分红等。

假如要分红的话，作为我个人来说，我想要年收入达到100万元，首先公司要跟我谈清楚，公司会扣掉25%的企业所得税。扣完以后，按照规定，我要拿个人收入的20%缴个人所得税。当然，还可以采用另外一种办法，不扣个人所得税，走劳务费用。

我有很多公司，但只能在一家公司里领工资，在其他公司里是不能领工资的。因为领工资就要交保险，一交保险就会出现两个账户。所以在其他公司的收入只能走劳务费用，走劳务费用的税额跟个人所得税不太一样，这也要注意。

从法律角度来说，公司是不管员工的个人所得税的，假如公司给你分了10万元，按道理来说，你应该自己把个人所得税交了。不过也可以由公司代扣，如果公司没有代扣，得到分红的人也没有缴纳个人所得税，根据法律规定，这笔税款首先要从公司的账上划走。所以，一定要和高管、合作人把税的问题谈清楚。

虽然避税有很多种操作办法，但避税的时候，如果出现问题，最后的责任就会落在法人头上。企业法人很有可能辛辛苦苦几十年就白费了。职业经理人把钱全部领走，突然有一天税务局告诉法人说，从××年到××年，你们公司所有员工的个人所得税都没交。这时候如果补缴是不会按实际工资报表的。补缴要按照公司的规模，应该有多少人，应该发多少工资，这个行业的薪酬标准是多少，再点算公司的人数，这样一来，你公司账上的钱全部交完可能都不够。

20XX年春节，我和几个合作伙伴在谈判桌上谈交税的问题。

他们说："假如今年挣100万元，要缴40多万元的个人所得税吗？"我说："是的，这没有办法。"他们说："国家怎么一下子让我们缴那么多税？"我说："那是国家的问题，咱们自己的问题得先谈清楚。"

结果经过一两小时的说服，他们终于接受了按照规定缴税的做法。我最后安慰他们说："就这样吧，你挣了100万元，就当挣了50多万元，那40多万元不是你的。有这种心态日子也就好过了。"

各位企业家朋友，一定要尽快找财务总监或财务经理拿出一个书面缴税方案。个人所得税的起征点是 5000 元，特别是工资每月超过 9000 元的员工，对于交税问题就比较敏感，所以必须要跟员工谈清楚。谈清楚了，他不缴税，就不是企业的责任，而是他个人的责任。但如果公司不跟他谈，那就是公司的责任了，将来所有法律责任全部会由公司来承担。所以发工资时，一定要先把账算清楚。

❸ 分成比例

我们要跟高管和合作伙伴等企业操盘手谈分成比例。由于行业不同，操盘手分成的百分比是不一样的。服装行业可能是 1%，餐饮行业可能是 3%，保险行业可能是 30%，律师行业可能是 6%。

❹ 考核表

前文我们一起做了 20XX 年的年度规划目标。我们公司的目标只有一个，就是把今年定的年度规划目标大框架的六大指标实现。明年和后年的目标也会是这样的。这三年都是按这个标准来执行。如果三年后我们公司发展好了，那就可以做出调整，方案可以做得更加优秀，但是三年内一定不要随意改变。

大部分企业有 80% 以上员工不会只拿固定工资，他们的工资形式是基本工资加提成，比如工资加某个项目提成。比如你给员工每月发 5000 元基本工资，这 5000 元钱肯定是有说法的，绝对不会要他在公司里吃一个月白饭。一般都会对员工有所要求和考核，比如每月 5000 元的工资，会要求他在第一个月每天接待 3 个客户，当然很有可能他第一天只接待了 1 个客户，第二天接待了 5 个客户，每天不可能很平均。公司规定每天接待超过 3 个客户，一个月就要接待 90 个客户。结果，这个月他接待了 120 个客户，那超过 90 个的部分就应该单独奖励。

到底用什么依据来算提成呢？一般情况下，财务人员、营销管理人员都可以用销售额算提成。财务人员为什么也要有提成呢？

我给大家举个例子，比如有个小伙子是做财务的，公司跟他谈的工资是每个月 4000 元。这个小伙子上班第一个月就开始抱怨说："老板，你天天晚上让我加班，我要领加班费。"加班费的标准大家一定要弄清楚，星期一到星期五的加班费是小时工资的 1.5 倍，周末的加班费是日工资的 2 倍，节假日的加班费是平常工资的 3 倍。

很多行业是需要加班的。我也经常加班。我经常在节假日接到学员的咨询电话。有些小问题通过电话解决就行了，但如果遇到大事了，我能不处理吗？我们公司的学员一般周末报名的多，那不能说周末报名财务人员不上班吧？所以我们公司有一条规定：如果营销人员去送单，顾客要买我们的产品，给我们打款或刷卡，财务人员如果说现在是非上班时间不接待，公司马上会把这个财务人员开除。

因为作为一个销售型的公司，成交是一切的中心，连老板都要围绕这个中心转。但是我们也要考虑到财务人员的生活，所以就定了一个制度，用销售额的 0.05% 作为财务人员的提成。比如 100 万元销售额，财务人员的提成就是 5000 元。当然，有了这个提成，财务人员就没有额外的加班工资了。

这样，销售额的0.05%是属于财务人员个人的，所以他们周末加班就很积极。

在我们公司，财务人员的工作状态很好，经常工作到凌晨一两点。对于目前中国的民营企业来说，有什么事比收钱更快乐呢？有个客户打款的记录是晚上23点52分8秒。一般在这种情况下，公司是没有人收款的，但在我们公司，一定是有人收的，因为我们的财务人员有提成激励。很多公司的财务人员像少奶奶或少爷一样，大家都要看他们的脸色做事，他们去报个账回来还一直喊“热得要死”，一点服务意识都没有，也许正是因为他们的工作没有动力。如果内部服务都做不好，出去干活的人哪里有动力？

一个岗位的考核要素分别为：薪酬结构、薪酬与考核挂钩、考核指标、换算系数、量化指标。

你一定要跟你的高管说，“咱们正式签一个合同书，但是咱们先小人后君子，先要谈一谈具体内容”，因为90%的合作失败都是提前没有谈清楚条件。

首先，谈聘用的时间。他在公司的职务是总经理，考核的时间是××年××月1日到××年12月31日，聘任周期是3年，合同是每年签订1次。

其次，谈目标。他的主要责任目标是实现公司正常经营战略目标。比如实现6000万元的最低目标，冲刺1亿元，最低实现利润是800万元，冲刺1500万元。另外，建设组织营销财务系统，落实分公司的建设。按照公司的人才培养计划以及市场竞争原则制定人才指标。经营目标是年底的绩效考核，考核周期是一年。

比如，销售目标第一季度是1000万元，第二季度是2500万元，第三季度是2500万元，第四季度是3000万元。

薪酬结构是工资加绩效加补贴加利润，其中5000元为基本工资，绩效为 5000 元。第一季度不考核，但是要分红，先保障他有收益。第二季度开始薪酬与绩效工资挂钩。也就是说，第一季度每个月最低收入 1 万元。从第二季度开始具体能拿多少就得看考核结果了。其中销售额的 1% 作为活动经费，即 100 万元的销售额就有 1 万元的活动经费，1000 万元的销售额就有 10 万元的活动经费。不管他是请朋友吃饭也好，找客户也好，上限是销售额的 1%。这笔钱如果当月没花完不能过后再领。

如果再想花钱，得报预算，比如他请朋友吃饭花了 2000 元，结果报 6000 元，财务人员有权过问，所以还要节省。如果花钱超过销售额的 1%，就要从奖金里面扣。比如今年的利润是 800 万元，要先减 80 万元作为公司发展备用金。这对公司发展肯定有好处，因为做经营没钱的时候问题就大了。万一业绩不好没钱就可以动用这笔钱，剩余的部分有 20% 是他个人的，80% 是公司的。

有时候一个月的利润是几百万元，下一个月可能没有利润。这是因为没有做发展规划。所以也要把发展规划做成制度，遇到什么灾难可以把它拿出来用。

每个季度做一次考核。季度利润里的 12% 直接发给个人，这 12% 是不管他干得好不好都可以拿到的。

比如前两个月没有利润，只能拿工资了，那第一季度可以不考核，因为他刚来，用一个特殊政策保证他上任的第一季度绩效工资不考核。第二个季度就可以考核了。你得给他足够的安全度。

然后，绩效工资和月度绩效考核挂钩。利润分红的 20%，从法律角度是指扣完发展备用金，再扣企业所得税后的利润。

最后，谈指标。比如，销售额要超过 6000 万元，指标为 100 分，每少 100 万元扣 2 分，扣到一定分数以后就没有提成。还有产品交付率，比如要求交付率超过 90%。假如有个客户在你这儿办了一张价值 1 万元的卡，卡上的钱法律上是客户的，不是你的。如果有 1 万个人办卡，你就等于收了 1 亿元。但如果客户都不去消费，这些钱就都是客户的。随着时间的推移，你的房租要交，折旧要提，慢慢地，这 1 亿元就等于你花了，你的钱越来越少。突然有一天，一个客户说要你退钱，你就退了，结果 1 万个客户都要退钱，你马上就破产了。所以办完卡以后，你一定要想尽办法让顾客去消费。只有客户消费了，卡上的钱才能变成销售额，你才可以算利润。如果顾客办了 1 亿元的卡，却不消费，你的利润就是负的，因为没有从预收款变成销售额，核算利润的时候，一切预收款都不能算。这时，你的任务就是促进消费，使产品交付率超过 90%。

要求承担的责任、领导力、指挥、决策标准都已经定好了，之后要谈考核与奖金的对应系数表，再往下就是公物不能私用，不能不按标准用人，不收回扣，不行贿，不泄露机密，不公款私用，不虚报假账，不旷工，不发布虚假消息，不利用信息获得私人利益，不销毁证据，不做假预算，假收据处罚，违法处罚。只要他触及这些方面，你就有权对他进行停职、降职、降薪、换岗、调离或者是解约。如果双方没有问题就签字。

目前，讨价还价的人不是太多，但是也有个别人讨价还价，给他解释清楚就没有问题了。我们定的目标不能和现实差距太大，一定要针对公司的实际情况进行修改。比如前文介绍的先扣销售额的 10% 留做企业备用金，国有企业可以这样做，在一般的民营企业，员工可能还会有些讨价还价的空间。

月考核指标与年度考核指标的区别在于，年度考核指标签完以后要分解到各个季度，最后变成具体考核表的时候也要进行细化分解。

工程类项目以一个工程项目的开始与结束为周期考核；营销类岗位的考核周期越短越好；研发型及大客户企业的高管以年度考核为周

期；职务越高，考核周期越长；新项目新职务人员可以有安全保障期，比如公司前期先给多少钱的工资作为保障；考核的指标，前期一个岗位先以 2 ～ 7 个指标为准，与职务挂钩，与战略目标挂钩。

企业家都不缺少挣钱的能力，即使钱全部被分走了也没什么大不了。你想让别人为你的公司干活，就得让他们感觉到不是在为你一个人干活。

要想经营好一个家庭，永远不要让老婆觉得她在为这个家牺牲，永远要让老婆觉得你在为她牺牲。我特别喜欢写日记，我写日记还得故意泄密，我老婆看完我的日记以后总是很感动。我老婆为我做了很多事，经常是我下班回来时，她已经把晚饭做好了……她把我的事当成她的事，我也要把她的事当成我的事。

经营企业也是这样，企业要制造一种氛围，让所有员工为自己奋斗，所有员工都不要把自己的命运寄托给哪一个人。每个人都忠诚于自己的梦想，当他们在一个地方失去了梦想的时候，走的时候是毫无情感的。一个伟大的企业就是在为别人创造无数梦想。我们要让员工在公司里实现他们自己的梦想。很多老板都想要忠诚的人，这就要把企业的大梦想分解为小梦想，把小梦想分解到每个人头上，他们才会为了实现自己的梦想拼命努力。

一个员工深夜了还在加班，是因为他不是在为老板干活，而是在为自己干活。所以，让员工在你的公司里有梦想比给他更多钱、更多福利更重要。让员工在你的公司里有梦想，让他觉得公司是一个神奇的地方就可以了。

❺ 提成销售额

假如我们的销售额有 1000 万元，那么这 1000 万元不能都拿来做提成总额。因为这1000万元里还有一些是客户的定金。正是由于这个原因，所以要根据不同岗位的需要来算提成，有的人按销售额提成，有的人则按代理销售额提成，等等。

有人说，按代理销售额计算提成，员工不就知道成本了吗？我建议你可以用倒推法计算。假如你是卖电视机的，一台电视机的进货成本价是1000元，按道理说，应该卖市场价1500元，你要给员工提成10%，即员工每销售一台电视机提成150元。如果你一直按10%给员工提成，就会亏本，因为过节的时候一般都会搞促销，那时会降价销售，比如春节期间卖1100元一台，由于之前规定员工的提成是10%，那么就要给员工提成110元。销售额1100元减去提成110元，你就只剩900多元了，低于成本价，这样公司就亏了。

这就要规定：提成的时候要先用销售额减去成本，再按照比例提成。搞促销的时候还要执行另外的政策，比如促销产品只能提销售额的2%，如果销售额是1100元，只能提22元，公司赚取利润78元。因为促销的时候客户大量购买的主要因素不是员工的努力，而是利益、价格、品牌、广告的吸引。只按一个标准提成，公司根本没办法搞活动。这种高提成低利润或者没利润，远远不如毛利润高提成划算。特别是对股东来说，更需要按纯利润算提成。

❻ 算账的方法

先算好账，再分钱，然后再对分多少钱做考核。分钱最难的是算账，很多人都算不好账。

销售额是所有收到的现金，这里的现金是指银行账上的钱，再加上现金。比如有人说签了100万元的合同，收回来80万元，还剩20万元没有收回来，这20万元就不能算作销售额。

提成销售额等于所有现金减去预收款再减去定金。加急提成销售额等于所有现金乘以提成系数的 50%。比如，100 万元的销售额里有 50 万元的预收款，有人想把这 50 万元预收款拿来算提成的话，这时候千万不能把这笔钱全部作为提成，可以做一个系数出来。

代理销售额等于所有现金减去进货价。比如你代理了一个产品，进货价是 10 元，卖 20 元，给员工的提成算法是销售额 20 元，减去进货价 10 元，剩下的 10 元不叫毛利润，叫代理销售额，按 10 元算给员工提成 5%。很多老板不想让员工知道进货价，一是觉得这是商业机密，二是为了公司和团队之间的利益的合理分配，不想让员工了解得太清楚。

核算销售额等于所有销售额减去约定成本。比如从生产中心拿货，生产中心给的价格是 10 元一个，销售出去要 20 元一个，在给销售算提成的时候就是 20 元先减去 10 元。

毛利润等于销售额减成本（不含所得税）；纯利润等于销售额减成本再减发展备用金（含企业所得税），约定纯利润等于销售额减成本（不含企业所得税）再减约定费用。

给员工发工资，参考的指标不同，计算的方法是不一样的。

核算销售额毛利润提成就是销售额直接减去成本得出毛利润。纯利润提成是销售额减去成本，减去发展备用金，甚至再减去税之后再算提成。

子公司纯利润等于销售额减上缴总部销售比例，再减子公司成本，再减发展备用金，是否减税根据各自公司的情况而定。

项目利润有两种：核算利润与实际利润。核算利润是合同实际尾款减预核算成本，再减发展备用金。实际利润等于合同实际尾款减实际发生成本。有的项目一干就是两三年，总不能等到三年以后再给员工发提成，所以应该先发一部分，按核算利润，到最后实际利润算出来以后多退少补。

假如你今年签了一个 3000 万元的合同，钱已经到账了，但是活还没有干完，这就需要财务部核算一下今年能挣多少钱。财务部虽然把大概能挣多少钱核算出来了，为了鼓励下属经理的工作积极性，可以先算一个大概利润。比如经过核算有大约 800 万元的利润，而实际上可能有 1200 万元的利润。因为在核算的时候一般较为保守，实际利润肯定会多点。不同的岗位参照物是不一样的，不同的岗位考核的指标、标准也不一样，核心计算方式也不一样。

单位核算数是指提成按吨、人、次等批次单位计算，有一些提成不按销售额计算，而是按一吨多少钱，一车多少钱计算的，比如生产员工的提成，做一个盒子多少钱，做一个箱子多少钱，而不是按盒子值多少钱计算的。

超产奖是指销售或生产超过公司冲刺目标特殊规定的奖励。比如目标规定是 200 万元，结果有人完成了 350 万元，那就可以有超产奖。

销售部或者门店店员的提成按销售额提成只收现金提成；事业部的提成是按营销中心的销售额减去其他费用之后计算的；代理提成是代理别人家的产品卖了 1 亿元，其中有 4000 万元是要给厂家的，给员工的提成是销售额减去进货价之后计算得出的。

关于提成和利润计算方法，公司要做一个文件，让相关人员签字并按这个文件执行。凡是和利益挂钩的文件必须要正规，这些文件员工是有权提出异议的，但是如果公示的一星期内没人提意见，那就说明大家在法律上认同这个文件了。

算账其实只有三种办法：

- 第一种，直接按销售额或相关数据提成。
- 第二种，用销售额减去成本，得出毛利润，按毛利润进行提成。
- 第三种，用销售额减去成本，再减去公司规定的分摊费用，再减去发展费用备用金（必要时扣除企业所得税）进行提成。这种办法最难执行。

很有可能使用的计算公式不一样，得出的奖金数字差别很大。因此我们专门给大家提供了一个计算公式：

事业部利润＝总部实际销售额－（事业部人员薪酬及提成＋营销中心分成＋办公租金＋公摊费用＋办公管理费用＋运营费用＋赠送产品费用＋约定服务费用＋税金＋其他相关费用）

这些理论看似简单，在现实运用中的难度其实很大。

有一次，我和做零售商铺的陈总聊到了事业部的管理问题，他说事业部的管理核算比较难。我这里有这样的一个文件，仅供参考。

关于各事业部核算明细的通知

财务中心、各事业部总经理：

经公司研究决定，特就各事业部费用分摊与利润核算明细通知如下：

相关利润核算办法：

事业部利润＝总部实际销售额—（事业部人员薪酬及提成＋营销中心分成+办公租金＋公摊费用+办公管理费用＋运营费用＋赠送产品费用+约定服务费用＋税金+其他相关费用）

公摊费用

以下费用属于各事业部公摊费用，包括：

营销费用，即总部统一举办的一系列会议活动、市场活动（专属某事业部的营销活动或促销活动除外）所产生的费用；

总部办公费用，包括总部办公的日常开支、活动费用、吃请费用等财务约定的相关费用；

人员费用，包括共用的老师、营销中心、行政中心、财务中心、渠道中心等部门人员工资及福利成本；

招聘费用，即由总部统一组织的招聘会、招聘网站所产生的费用（专属某事业部的招聘渠道所产生的费用除外）。

公摊费用采取各事业部均摊方式，即（总发生费用额/总事业部数量），以简约计算。

参与公摊费用分配的事业部目前共____个，包括：______。

分摊费用

房租及水电费用：

A 职场房租及水电费用：由××事业部、××事业部、××事业部平摊；

B 职场房租及水电费用：由××事业部、××事业部、××事业部平摊。

专属费用

各事业部所属人员工资、福利费用、提成、奖励。由各事业部负责人提交名单，在工资表核算中予以分开体现：

各事业部独立运营的费用；

各事业部实际支付税金；

各事业部约定服务成本；

各事业部专属前期启动费用，包括前期人员成本、专项立项费用等；

各事业部支出招待费、差旅费等；

各事业部支出广告费、推广费、网络运营费用等；

各事业部固定资产费用，后期购买的固定资产全额归入该事业部，前期由公司拨转的固定资产按折旧期限进行换算。

核算周期：按季度结算。

项目可分配利润：

各事业部均拿出事业部利润的____%用于分配团队成员。

项目可分配利润在第一项项目利润核算的基础上，为保障公司发展基金，再减去以下两项：

公司发展金，为项目利润的____%；

公司风险提留金，为项目利润的____%。

即总共减去____%，项目团队成员的分红以此项目可分配利润为基数。

补充说明：

新成立的事业部，目前没有收入采取先记账制。

其他新事业部成立运作后，另行发文通知说明。

实施周期：

以上核算方式，自____年____月____日正式执行。

附：《事业部核算利润表》

特此通知。

××公司

××年××月××日

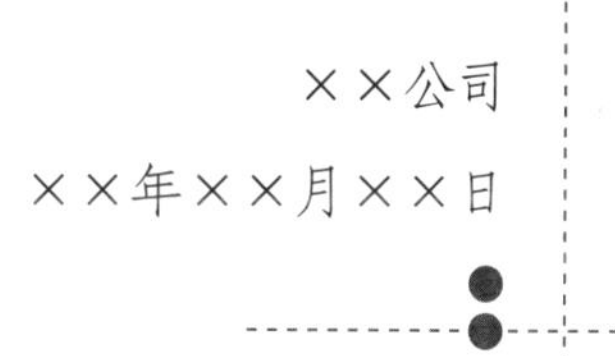

事业部的利润具体怎么算？事业部的利润是总部实际销售额（不是合同销售额）减去费用，费用包含以下方面：

• 事业部人员薪酬及提成。

• 营销中心分成。营销中心帮事业部销售东西，他们的提成要扣除。

• 办公租金。

- 公摊费用。特别是集团公司里员工的费用要摊下去。
- 办公管理费用。
- 运营费用。比如平常吃饭、打印纸、赠送产品等费用。
- 约定服务费用。
- 税金。
- 其他相关费用。

其中，需要重点解释的是运营费用和约定服务费用。比如一家生产白酒的公司，要拿生产出来的白酒送给客户当样品，一年送出去了700坛。虽然这是样品或者这是公关需要，但是赠送出去的白酒也是钱。这笔钱将来跟白酒事业部的老总算账的时候要怎么算呢？这笔钱是需要按成本价录入的。这叫赠送产品费用，属于运营费用。

约定服务费用，有的公司有约定的数额，有的公司没有。不管有没有，这部分费用都要摊进去。我们公司有，比如卖一个工具包产品，要从销售额里面扣300元，把扣的钱放到公司的一个账号上，就叫约定服务费用。

为什么要有约定服务费用呢？我给大家举一个例子。我们公司规定工具包售出后7天无条件退换，于是有的客户收到货的第二天就要退换。客户把工具包退给我们，我们要无条件给客户换新的。退回来的工具包唯一的处理办法就是销毁，只要客户打开了，这个产品就不能进入二次销售。虽然产品我们可以销毁，但员工的提成很可能已经发下去了。所以我们要从每个工具包里扣300元作为约定服务费用。这笔钱专门用于各种售后问题的处理。虽然在我们销售产品的过程中，1万个客户中最多也就4个客户要求退款。但还会出现另一种情况，比如有客户说："贾老师，我需要你们工具包中的第15至第18张光盘（工具包里累计55张光盘），因为我把这几张光盘弄丢了，现在您能不能帮忙配一下缺少的这几张光盘？"再如，有客户说需要工具包里的书。虽然这些对于我们来说都是小问题，但也得给客户补，这产生的费用都是从约定服务费里出的。

虽然这个公式在你的公司使用的时候可能会发生变化，但是我建议必须要有个公式。比如有人说咱俩合作吧，并告诉你："我给你20%的股份，咱俩一起干。"这20%的股份到底怎么算？根据这个公式，你就知道了，哪项该增加哪项不该增加，你也心里有数了。算账的时候，一定要告诉相关责任人具体的算法，这样才能减少冲突。

除了以上费用外，企业经营还会涉及房租、水电费。比如我的一个学员的公司，自己盖的写字楼，盖完写字楼以后，其中某一个事业部占了一层楼来办公，年底在给这个事业部核算利润的时候，没有把占楼层的成本核算进去，结果公司要承担很多税。

在公司自己盖的楼，或是企业老总以个人名义盖的办公楼办公也是要核算成本的。这个租金不是零，一定是要分摊的。

❼ 分公司营销中心的销售额

你千万不要误以为公司要做大，就必须建分公司，其实建不建分公司要根据企业的实际情况决定。比如有的公司可能叫营销中心，也有的叫大区办事处，还有的叫分公司。

建分公司和不建分公司有什么区别呢？

不建分公司就是一个老板，建了分公司就是多个老板，分公司的老板、副总、高管们会认为他们也是公司的主人。一个人为公司努力不努力，卖命不卖命的结果是不一样的。有些人可能为老板卖命，也有些人可能为自己卖命。

我们公司目前有四十几家分公司，但是我只去过七家分公司的办公室。有人可能觉得我不喜欢到分公司去。其实不是，因为我的工作重点是在战略上，而不是走访每一家分公司。

作为老总，你要做好准备，你不能每天都去分公司，你要给分公司制造一个让它独立营运核算的方案，这个方案基于独立营运、独立核算。以下是我给大家提供的营销子公司人员薪酬方案模板，供参考。

营销子公司人员的薪酬

营销子公司是直接进行销售的单位，是企业利润的主要源泉。营销团队对企业业绩的好坏起决定性的作用，同时团队领导人的文化决定和影响着团队的文化与业绩，所以针对销售子公司全员的激励至关重要。

营销团队一般采用的薪酬结构如下：

1.固定工资+绩效工资+销售额提成+利润提成

如：营销总监固定7000元+绩效1000元+团队销售额提成1%+个人销售额提成6%+利润分红2%

2.固定工资+计件工资（合同单或其他数量单位）+销售额提成+超产奖

如：营销人员固定4000元+新客户合同1000元/个+销售额3%提成+超产奖1.5%（超出正常目标后增加的提成比例）

3.固定工资（量本利平衡）+销售费用+销售额提成+期权分红

如：子公司总经理赢利工资10000元（亏损5000元）+销售额1.5%的费用+销售额提成1%+期权分红10%（0～2年只分红，2～5年分红+期权，5年后注册股东）

示例：

单位：元

岗位	固定工资	绩效	个人提成	团体提成	组织提成	分红
总经理	10000	2000	18%	—	2%	10%
副总	9000	1500	18%	—	1% 本	5%
总监	7000	1000	18%	1% 本	—	3%*2
经理	4000	1000	18%	4%	—	1%*3
业务	4000	400	14%	—	—	—
实习	4000	300	12%	—	—	—
财务	4000	1200	—	—	0.05%	—
客服	3500	1000	孤儿 30%	—	—	另行约定
营运	3000	1000	—	—	—	1%

千万不要小看上面的这个表格，这个表格创造了很多世界级大企业，其中包括联想集团、大唐电信、平安保险、新华保险。

在这里我要提醒一点，所有销售人员服务的客户，在公司都要有备案，公司备案的客户才受到公司的保护。我们经常发现很多公司的业务员自己搞个小本本，客户是谁不让别人看，连他的直属领导都不知道客户有哪些，他离职走的时候会把信息全部带走，这对公司来讲是个损失，所以公司要尽量避免这个问题。

假如实习业务员、业务员、高级业务员、代理经理、经理、客户部经理 6 个不同职位的人，每个人销售 1 万元产品，但由于职位不同，所得的提成比例也是不一样的。实习业务员的提成是 12%，1200 元。业务员提成是 14%，1400 元。经理提成是 18%，1800 元。职位不同，提成也不一样。如果你是实习业务员，给公司创造了 1 万元的销售业绩，自己只能拿 1200 元，你要想挣多点就必须往上升职。但是想升职，就必须得有数据证明自己的能力。上面的这个表就是告诉大家，职位级别不一样，收入提成也就不一样。

有些基层员工说，“经理的级别高，提成也高。我们把自己做的客户，获得的销售额都算到经理头上，然后让经理再分给我们吧”。这种情况是有的。所以也要告诉经理们，首先看员工的客户有没有备案，另外，如果是备案的客户都给了经理，那基层员工就永远也升不上去了，因为公司是看业绩积分来决定员工是否能升职的。

所以一定要记住：员工的客户是员工的，经理的客户是经理的。经理抢了员工的客户，员工就没机会升职了，员工可以投诉。经理还承担着完成总目标的任务。如果经理老是自己做业务，不依靠团队的力量，那是完不成总目标的，经理的考核是三位一体的，不是单独只看业务这一项。

经理完不成团队目标就会被降职。员工的积分不够，就不能升职。公司里的升职、降职都非常严谨，完全是数字化管理。经理如果把优秀业务员都给挤走，团队的目标就实现不了。团队目标实现不了，经理的职位也就保不住。

经理除了固定薪酬、个人提成收入外，还可以再挣一个收入，就是其管辖的所有员工 4% 的提成。也就是说，从每个基层员工创造的业绩里，要拿走一部分给经理。

如果是总监，也要从其管辖的人员身上抽走一些提成。

工作中还会遇到一些大客户销售、项目型销售等类型销售，这些项目复杂，周期比较长，还要花费一些出差食宿、公关费用等成本，针对这一问题，我们可以给整个营销过程算一个毛利率，提成以毛利率为基础。

这个方法并不适合所有企业。但我们可以肯定的是，大部分企业的人员激励都可以用到这个方法，因为我们不是光给销售员利益，所有公司人员都有利益。给业务员的是促进销售作用，给经理的是促进团队管理作用，给总监的是促进人才培养作用，给财务人员的是帮助收钱的作用。

❽ 销售费用的处理办法

销售费用的处理办法包括以下几种。

方案一：分类别销售报账。

（1）地域费用（包含交通、住宿、销售生活费用、餐饮费用等）。关于这些费用，比如出差一天的标准费用是80元，其中包含哪些内容，公司是要有明确规定的。

（2）公关费用。公关费用一般包含三大类别。

第一大类别，公司与公司的交际费用。

这是必须要有发票的。比如今天要售出50坛白酒给买家，对方接收，这叫交际费用，这是有发票的。花这笔钱之前要写申请，要写明这个费用的预算，经公司相关人员批准才可以去交际，不能直接说“给我5万元我拿去做交际”。

第二大类别，公司公关费用。

必须要有公司规定的交际办法与预算。比如给公司员工送礼，送2008年奥运会纯金的纪念币两套，总共花9万元。只要符合公司的相关规定就行。

第三大类别，公司的公关过程费用。

比如请顾客洗个澡，做个足疗，这就叫过程费用，公司也必须对此有明确规定。有时候一些项目没有发票怎么办？我认为可以提供其他替代发票，但超过公司规定的标准则必须向上级申请。比如你晚上想请伙伴去看电影，这就不用申请了。如果今天晚上你准备坐飞机去重庆吃火锅，要花 1 万元，这就必须向上级申请。

公司可以出台费用标准，规定地域费用由公司承担，生活费用由个人承担、公关费用按照特殊规定执行。

方案二：公司进行百分比的明文规定，由个人自行决定。

比如销售额的 1% 直接返还给个人，不要发票，公司承担税务部分。如果你的销售额达到 100 万元，其中就有 1 万元是给你的公关费用。至于你最后花了 3 万才搞定这件事，那就是你自己的事。你一分钱没花也是可以的，公关费用可以自己收着。

方案三：公司规定总经理的费用支配权。

比如公司规定销售费用来源是销售额的 1.5%，就相当于 100 万元的销售额就有 1.5 万元作为销售费用，这 1.5 万元里面，如果要请客户吃饭可以向总经理申请，总经理一签字就能入账，但这个是要有发票报销的。当月没有消费的部分不放到下月。超标部分扣总经理的绩效，连续三个月超标，取消总经理一个月的审批权。

公司一般在这三种方案中做选择。我们公司里这三种方案都有使用。关于这个问题我请教过很多做营销策划的老师，他们也给过我一些资料，大概有三四十种方案，但最可行的就是这三种。目前上市公司里采用最多的也是这三种方案。可能除了以上提到的，销售费用里还会涉及一些市场费用，比如举办活动，那就做出预算，走报销流程就行了。

二、研发型企业技术团队的薪酬

很多企业已经建立了自己的研发战略团队，如果现在你的企业仍然没有研发战略团队，那是很危险的。

500 年前，一个国家战胜另一个国家最首要的因素是人多，可能杀敌一千自损八百，哪怕杀敌八百自损八百，只要我人多，也能打败你。但是现在不行了。虽然很多国家的科技发展缓慢，但有些国家的科技在飞速发展。企业也是这样的道理，“落后就要挨打”始终是不争的事实。

一个行业一定是排在前三四名的企业具有极强的研发能力。为什么苹果手机一面世，我国很多山寨手机品牌会群体性崩盘？因为它们做出来的手机根本没法跟苹果手机比。

一般来说，企业都很重视研发，但研发人员的工资到底该怎么发，包含哪些项目，很多人都不清楚。只有把这些搞清楚了，将来你跟研发人员谈薪酬的时候，才不会乱了阵脚。

❶ 工资

我们可以依据胜任力、资质、级别等因素来判定工资的高低，即岗位价值工资制。

比如一个医科大学的博士来到你的公司，你只给他 2500 元的基本工资，这肯定是不可以的。所以要有资质、级别、胜任力这些指标作为依据。一般技术团队的基本工资要比别人高，因为受学历、知识储备等因素影响。

❷ 项目研发环节提成

项目研发环节提成，即按照实现研发进度而获取的提成比例。这个费用算是成本，为研发经费的一部分，大约占总收入的25%。比如研发了一部打印机，研发到某个阶段的时候，如果因为还没有成就就不给研发人员提成是不合适的。比如一些大型的研究项目，都研究了十多年了，现在还没有真正成功，这时如果不给科学家发点研发经费，他们可能早就辞职不干了。

我在北京召开过一次论坛，有个嘉宾的一句话让我特别痛心，他说他本来是内地的教授，后来被聘请到香港科技大学。内地教授拿的是耻辱的工资，活得没有尊严。他去香港科技大学做教授后，年薪500万港币，有洋房或公寓一套，提供车一部，并且医疗支出费用只占医疗原费用的1%。这说明我们国家对科技人才，尤其是企业、政府对科技人才的重视程度还远远不够，对研发投资的比例太少。

我国的教育经费投资一直都没有超过1.2%，另一种说法是这项投资仅仅为1%。1%是什么概念呢？乌干达的教育经费投资是4.5%，印度的教育投资是4%，美国的教育投资是3.5%。

一个国家也好，一个企业也好，对教育研发都要舍得花钱，并在做完一个阶段后给予相关人员一定阶段性的奖励，这样他们才能保持持续创新的动力。

❸ 项目专利环节提成

专利是公司的，研发的产品也是公司的，因为都是公司投资的。

实现了环节专利及著作权，获取的奖励提成的计算方法为：研发经费 + 公司利润研发经费投入所得，这项提成约占研发人员总收入的 25%。

❹ 项目效益提成

项目效益提成是项目成功后经市场验证产生经济效益，而获取的奖励提成。此提成来源于项目利润，约占相关员工工资的 50%。

❺ 项目持续分红

前四项占总提成收入的 50%。我说的 50% 是个大概的比例。如果技术人员一年挣 100 万元，这 100 万元是环节提成 + 专利利润提成 + 分红提成，其中分红提成要占总收入的 50%。

不管你是做建筑的、设计的、工程的、律师的，还是医疗器械的、产品研发的、食品研发的、服装研发的，无论你是哪个行业，假如想要引进一个项目总监，工资应该怎么发？

第一，岗位工资。当然具体数字是多少是要做市场考核的，不同的行业水平不一样。

第二，进度工资（环节工资）。比如把研发分为 4 个环节，也就是公司经过 4 次验收。每个环节奖励该岗位人员 3 万元。因为可能下个环节就不是你来研发了，而是别人研发了。

第三，国家认可专利工资。专利注册成功后，奖励 5000 ～ 20000 元。

第四，项目效益工资。项目推向市场后产生效益，拿 10% 的项目核算利润分红（扣除税金和发展备用金）。这个比例是假设的，一般都拿不到这个比例。正常情况的环节研发应该是 2%，项目负责人大约是 7%。

第五，项目持续收益工资。如担任管理岗的人再拿管理分红 2%。当然，这个比例也是假设的。

如果是整合专家型研发，整合有 4 种方式：

- “苹果式”整合。

创造一个平台，每个人独立经费研发，进行销售额利益分配共享。别人研发了产品之后也可以到我的平台上卖东西，卖完以后我们按比例分成，这是“苹果式”整合。

- 资源布置整合。

由老板负责做投资平台，专家携带产品作为公司项目，分成的基本原则为均等分配，即 50 ∶ 50 的比例。也就是我有钱，你有项目，你把项目专利给我使用，如果赚 100 万元，你拿走 50%，我留 50%。

- 专项式整合。

这种整合形式就是由老板投资，项目人以技术或项目入股。老板可以出让最高 20% 的股份或分红。

- 研发式整合。

由公司提供平台和研发资金，有胜任能力的技术人才进行研发，研究成果的专利属于公司，技术人才可以分到 15% 的利益分红。

其实，很多公司不知道怎么整合研发。

现在很多公司都属于“苹果式”整合模式。比如绿化、游乐园，就没有必要自己弄，完全可以进行招标，产生了利润之后再分钱。“苹果式”整合最大的特征是自己有平台，没有平台就没有吸引力。“苹果式”整合的原则是平台拿 30% 利润，研发者拿 70% 利润。一般来说，公司出现问题都是因为利益分配、股权激励、机制约束、商业保密没有谈好。

如果你请的一个专家来了公司以后，给公司创造了 50 万元的销售额。但后来他自己私下找了客户，把 50 万元的销售额装到了自己腰包里。这样的专家是不是令人深恶痛绝呢？但你怎么不想一下，如果没有这个专家你也没有那 50 万元的销售额。如果是我，我就要找 1 万个这样的专家，1 万个专家给我创造的就是 1 万个 50 万元。只要他能给我创造销售额，私下里做单，我也会同意。

专家本身就是在做生意。与专家合作一次之后，即使你不再和他合作了，他还是会再做生意养活自己。我们要在跟他签专业保密书、股权激励之前，自己先有一套完整体系。

专家之所以敢接私单，是因为你还不够强大，还不能威慑他。等你的平台强大了，他私下做单的可能性就小了。威慑专家的最好办法就是整合更多的专家。如果你有 1 万个专家，哪个专家敢自己接私活？但是你如果只有一个专家，这个专家即便做了私单你也不能解雇他，因为你还离不开他。

假如你做服装生意，服装设计师总共才 3 个，这 3 个设计师肯定牛得不得了，但是如果你跟 500 个设计师合作，设计师们会以和你合作为荣的。

有个学员告诉我说，有一个国际化专家团队看中他公司的前景，主动提出要与他合作，但在利益分配方面他有些困惑，特别是在他的设计研发和市场利益分配方面。

我问他：“你是想要把他们作为你的股东还是只想聘用他们？”他问我：“两者有什么利害关系？”我说：“具体选择哪一种首先要看你的企业战略。另外，还要看他们想不想变成你的股东。”他说：“他们肯定是想变成我的事业部的利益相关者。”我说："那你后面肯定会出事儿，因为你们之间的合作关系，你是想让他们变成打工的，他们想变成利益相关者。你们将来的矛盾根源肯定会在这儿，这还真不是多少钱的问题。因为双方的合作错位了。"

在合作中，是不是满足对方的位置和需求，有几个重要指标：

- 该职员是否为顾客期待的职员。
- 培养该职员的成本。
- 该职员提供的资料证明及过去案例证明。
- 该职员的历史就业背景。
- 该项目在我公司的位置及规划。

这5条中符合4条，这个人就可以成为股东；符合3条以上这个人可以成为利益相关者。首先，我们来看看成为股东的条件：有专利性项目，最高拿到20%的注册股权。否则可以按期权制，就是在公司超过5年就变成股东了。利益相关者是成为项目的利益期权者，享有该项目的利益分红。分红比例专家型最高为50%，管理型和研发型最高为15%。

如果我是这个学员，我会先问这个合作团队第5条内容，也就是先问我公司规划的项目他们能不能做？很有可能他们规划的内容里根本没有这个事儿，只是他们手中有个项目，所以对你说："老板你有钱，你有平台，你帮我做吧。我们一起分成。"这样的项目一定要小心，因为这不在我们本来的规划之中。

如果是对方非要和你合作，你们可以再成立一个公司，千万不能因为他有一个项目要和你合作，你就爽快地同意了。这样做的话最后你可能会发现公司全乱套了。所以要合作，首先看他有没有适合你的规划的优势项目。他如果没有，那问他过去在哪家企业做过研发？具体研发过什么产品？谁是证明人？如果他说自己刚毕业，这个项目只是一个想法，那你就更要审视你们之间的合作了。接着你问他能否提供研发证明或者过去的案例，如果他说过去没有研发过，你还敢跟他合作吗？如果他说研发过，你要问他有多少个专利，让他给你提供一下证书原件复印件等资料。

这些都考察过之后，你要考虑，你培养他要花多少钱？还要看能不能培养出来，如果发现他确实是培养不出来的，再看公司需不需要这个岗位，他对于这个岗位是否符合？

如果上述 5 条他全部符合，那就不用谈了，可以直接考虑给他注册股份。也就是说，你和他谈合作，不能仅凭自己的想法来决定是给他 A 方案，还是 B 方案、C 方案，也不取决于你想把他规划成什么样，而是取决于这个人对企业的重要性。

比如我和合作伙伴谈合作，谈话从来不超过 15 分钟。 我们长沙公司的董事长是陈载丰，总经理是郭陆平，最大的股东是我。我给了董事长 49% 的股份，我个人占 51% 的股份。郭陆平做总经理没有股份，只有 30% 的分红。也就是说，他如果挣了 100 万元，我们就给他分 30 万元，剩下的 70 万元我和陈载丰按照股份比例分。

后来郭陆平去做南昌公司的董事长了，他在长沙公司的分红按照公司政策过几个月就没了。我和陈载丰重新注册公司。陈载丰跟我谈价格，我问他有什么想法？我是这么说的：你继续占 49% 的股份，我仍然占 51% 的股份，但你现在担任董事长兼总经理。他说要是再来一个总经理该怎么处理呢？我问他，他认为应该怎么处理？他的建议是新来的总经理可以拿 30% 的分红，不给股份。我说你给你自己分得太少了。我们可以算一下，如果总经理拿了 30% 的分红，还剩 70% 的分红，乘以他 49% 的股份，即分得 34.3%，作为董事长这个比例还是比较吃亏的。所以我告诉他，我多给他长 6% 的分红，即董事长拿 40% 的分红，总经理拿 30% 的分红，我拿 30% 的分红。他一听兴奋不已，说："贾老师，没有见过你这样谈判的，沟通成本如此之低。"

我们公司是这样的，给管理人员的股份是有一定规定的，不管股份给多少，0 ～ 2 年为分红，离职时没有任何补偿。其实这不是我规定的，是国家规定的。在这方面，国家有具体的指导办法。比如一个药店准备给店长 2% 的股份，意思就是店长在两年内有分红，离职的时候没有补偿。2 ～ 5 年为期权股份，离职时按注册资本补偿。比如注册资本 100 万元，2% 就是 2 万元。但也很有可能注册资本 100 万元，企业逐渐做成实际资本 900 万元了。这个阶段离职也是按注册资本计算的。5 年以上为注册股，方案有两种：一是离职时从原股中回购。这是强制性的，回购的比例按实际价格；一是股东离职了也有权保留自己的股份。

这两种情况都是工资另算，股东参与管理岗位的要拿管理岗位工资。有的老板从来没拿过工资，这是不对的。因为股东分红和拿工资付出的代价不一样。要是分红，税就多了，拿工资的税就少一些。在公司工作 5 年以上的总经理走了，公司可以把一些股份回购过来，给他补钱。

比如前文的例子，我占 51% 的股份、董事长占 49% 的股份，又来了总经理之后，分红方式就变成了 30%、40%、30%，这种分红方式两年之内是不体现在公司章程上的。如果过了两年，有两种处理办法。

第一种办法是跟有股份的董事长签合同。

合同上说明，你离职以后，你的股份按注册资本回购。我见过这样的合作合同。

王小猴与赵石头，共投资3000万元，开×××公司。

第一条，双方每年分50%的分红；

第二条，由王小猴担任法人代表兼总经理兼董事长；

第三条，由赵石头担任总监；

第四条，大家共同独立实现共同富裕的目的。

有人问我这合同签得怎么样，我说不怎么样，简直是开玩笑。王小猴担任法人代表兼总经理兼董事长，那如果王小猴给自己发 1500 万元的年薪，赵石头怎么办？如果年利润总共 2000 万元，他给自己发 1500 万元的工资，从法定程序来说也是没有问题的。

合同写清楚非常重要。公司的股东决策、经济纠纷、利益分配、增加股东等任何重大决策均可以按合同执行。开公司之前要先签合同。

有人问按实际价格回购股份，实际价格不需要评估吗？其实，实际价格基本是在处理的时候按双方谈好的价格执行的。比如 1000 万元的资产，基本上按实际价格 800 万元或者 700 万元来计算，因为还要考虑折旧等因素。

股东分家这种案例我处理得太多了，遇到这样的情况我一般不会先做评估，因为评估需要好几个月的时间，很没必要。评估结果肯定是离开的股东最吃亏。

因为如果公司的实际价值是 1000 万元，你有 50% 的股份，你要离开，按道理我应该给你 500 万元。但我不会给你货币，因为分家的时候不是先分货币，而是先分东西。我现在没那么多钱，只能是你先把桌子搬走，把工厂的设备搬走，这样，你拿到的东西肯定不值那么多钱，再说你拿走了东西也不一定能立即换成钱，东西卖出去需要时间，同时还要缴税，要有一定的周期。

作为股东，离开公司的时候，最想拿到的是钱。假如企业的实际资金价值 1000 万元，折旧以后就 800 万元了，按股份比例的 50% 是 400 万元，但我现在只能给你 300 万元现金，剩下的设备等东西你也要留给我。如果股东要进行评估，那就不是谈钱了，只能谈东西。你要离开了，还跟我谈评估，这不是很傻吗？

处理这种事情的时候，不要一下子就把 500 万元给对方了，这种处理方法是不对的。

三、交付型技术人员的薪酬

什么叫交付型技术人员？比如你是空调维修工，那你就是交付型技术人员。交付型人员的薪酬机制是：

底薪 + 技能薪酬 + 交付项目提成 + 高级别项目提成

比如，高级技术员每月基本工资 3000 元（本月必须维修 5 个单位以上）。技能工资是通过公司高级技术通关后才可以有的，只有高级技术员才有。如果是工资加技能工资 5000 元，这 5000 元要怎么才能拿到？每个月至少要维修 5 个单位，技能工资是要通过考试通关，通关后才可以拿到交易项目提成，维修 5 个单位以上部分按 5‰的提成计算。再加高级别项目提成，如果是特级员工，拿项目 0.5% 的提成，只有业绩前 5 名的人才能享受这种提成资格。

四、股东的股权激励

关于股东股权激励这个问题，没有系统的激励方式。你可能会说这不符合时代潮流，时代潮流不是都说必然要实行股权激励吗？那么多大企业都有股权激励，你怎么不提倡呢？

其实我想告诉大家的是，我们国家的企业发展阶段不一样。谷歌有股权激励，那是美国的大环境决定的。阿里巴巴有股权激励，但阿里巴巴在此之前花了 3000 多万元做股权激励系统。华为有股权激励，华为给 IBM 的 ERP 软件系统交了 2 亿元。每个企业的发展阶段不一样，如果你把 40% 的股份都让出去，将来怎么办？再加上民营企业人才的流动性很大，新员工不断进来怎么办？所以我建议，无系统不进行股权激励。

股权激励包含了 3 个名词。第一个名词叫虚拟股份，意思是合同权。第二个名词叫期权，意思是先分红，通过考核后成为注册股。第三个名词叫注册股。比如我给你 5% 的虚拟股份，意思就是给你分红；但我说给你 5% 的期权，意思就是 2 年内给你分红，2 ～ 5 年享受期权股，但是要通过考核；我说给你 5% 的股份，就等于说是给你股权。

我们千万不能随意承诺，有些人可能会在关键时刻给你录音，现在按法律规定，把录音发给法院，法院是采纳的。假如有一天他辞职了说要退股。你说没有给他股份，人家有录音作为证据，这样闹到法院，你基本没有任何优势。这种事也是发生过的。

有个老板刚开始跟合伙人合作的时候，谈过股份问题，并且谈得非常清晰。但是合伙人来了以后没有签合同，过了几个月，老板发现合伙人能力不行，要跟他友好分手。合伙人说分手可以，分手谈好以后，就要谈股份的事了，结果老板矢口否认给过他股份。后来打官司，合伙人正好之前录了音，说他来公司的前提条件是老板答应给股份，虽然没签合同，但老板是公司的法人，说过的话就有法律效力。

事业部分红是没有股权的，子公司分红才有股权，这两个是不一样的。因为事业部不是独立法人，很难去谈有多少注册股。事业部薪酬的比例关系分别为总经理 7%，工程师 2%，助理工程师 0.5%×3（指 3 个人，可能有 8 个人），生产总监 2%，客户经理 1%，技术员 0.5%×5（指 5 个人）。以上为相对比例，也就是说，总经理拿 14% 的时候，工程师就拿 4%。当然，行业跟行业不一样，数据比例也是不一样的。

五、门店类及连锁类企业关键人物的薪酬

❶ 门店企业分红方式

门店类要做连锁扩张的准备，需要准备什么？可以从以下六点进行考虑：

• 从“人”制向企业机制过渡。人的管理不能成为主导因素。

• 卫生、流程、环境、操作模式达到世界级标准。有些人会说那标准太高了吧？其实世界级并没有你想象得那么高，我国有很多企业都是世界级标准的。如果你的店脏得很，环境乱七八糟，也就没有客户乐意体验了。

• 严格扩张。不能靠老板的资源与关系，一定要学会完全靠市场

化运作扩张。

• 赢利的门店数量永远高于亏损的门店数量，从而达到总体赢利。

• 人才培养体系，能够快速复制，对复杂技术人才的要求逐渐降低。有很多企业已经做到了这一点，因为人就是用来培养的。

• 教育性产品以私营、连锁为主，非教育性产品也可以考虑加盟。如果代理商都代理不了，那只能靠自己。

以上六点是前提，下面三点是注意事项，即连锁独立门店利润核算平衡法则：

• 门店的折旧必须比正常折旧晚。

• 门店合理分摊总部人才培养费用。

• 门店要有独立的发展费用或扩张费用。

等你大规模扩张的时候，要把这三份钱都分摊进去。实际上你并没有赚那么多钱，等你开了 2000 家门店的时候才发现不赚钱，那时再想退出来就很难了。

台湾有个王品集团是做餐饮连锁的。这家企业 2012 年在中国大陆的销售额是 100 亿元人民币，主要产品是西提牛排。这家企业从来不研发，只是把市场上最好吃的东西整合过来，然后通过它的商业模式和网点卖出去。

我喜欢到世界各地去玩，发现了一个非常重要的问题，在全球华人中，台湾人走出去的比例最高，其次是香港人，再就是福建人和广东人。在纽约你会发现台湾人最多；在洛杉矶，大部分都是台湾人、香港人；在旧金山说粤语的人居多；在新加坡是福建人最多。他们漂到世界各地去，挣的是全世界的钱。我主张大家要走出去，只有真的去亲身实践体验，能量才会越来越大。

我大女儿今年 6 岁，我跟她交流最多的就是关于她以后的生活问题。我跟她讲：“你一定得记住你不是北京人”。她问：“我是哪里人？”我说：“我也不知道，因为不清楚将来你在哪个国家生活。”

我鼓励更多中国企业家要勇于走出去，全球哪个地方有机会就去哪里。

我有一个老朋友开了家火锅店叫“百年老妈”，原来火得不得了，后来因为海底捞来了，他就关门大吉了。海底捞现在也发愁，因为呷哺呷哺大规模发展，对海底捞也有影响。这个世界上没有代替不了的公司。

王品集团是怎么做到销售额 100 亿元的？是因为他们有很多个理念。比如第一个理念，健康比挣钱更重要。他们要求服务员腰上带一个记步器，要日行 1 万步。一个人要是一直站在那里，一天根本走不到 1 万步，所以他们的服务员经常穿梭于各个客户之间。因为他们规定，凡是一个月有 3 天以上没有达到这个标准，月底就没有分红。他们的服务员的服务态度特别好，只要你一喊“服务员”，他们马上说“到”。再看看其他店里的服务员，大多懒得要死，有时候你喊半天也没人理。王品集团把门店 40% 的利润都给了职业经理人，其中前厅 20%，后厨 20%。我建议做服装店、通讯店、餐饮店、足疗店的连锁企业可以参考一下这种做法。

有人可能会觉得这样分红不对，因为分红里没有店长的。有没有店长的分红要根据公司的组织机构情况，我国 90% 的餐厅是有店长的，而有的企业没有店长，用的是前厅经理负责制。永远不要做“全员分红”，也永远不可能做到 100% 的员工都有分红，因为员工里面有“老白兔”，给“老白兔”分红对其他人是不公平的，20%、30%、60% 的人有分红就行了。

如果开了新门店，要调派资历比较深的店长去支援。他在原有店铺中的收入是比较高的，在新门店里比较低，这时就要想办法平衡他的收入。工资和以前一样，原来门店的收益的分红给他保留 3 ～ 6 个月。比如以前你在这个店工作，一个月利润是 10 万元，利润中你可以分 10%，也就是一个月分到 1 万元。后来调到新店来了，团队是刚组建的，还没有多少利润，公司就可以规定：由高级营业员兼代店长，分红是 3% 或者 2%，你的提成还是依照老店的 10% 计算保留 3 个月。虽然你没在老店工作，但老店里的利润提成还给你保留 3 个月。3 个月以后（有的公司周期非常长），根据新老门店的情况，你的提成可以由 10% 降为 3%；在新店的提成由 3% 涨为 7%。这样，老店长才能乐意接受调遣。

还有一种情况，不是给门店分红，而是给股份。比如你在老店有 10% 的股份，因为干得非常不错，被公司调到新店去了，你应该有多少股份？你原来的股份怎么办？公司是有解决办法的。

方案一：你原有的股份保留 6 个月，等新店达到同等业绩的时候，公司奖励你一笔钱，这笔钱基本上是按注册资本的百分之多少来算的。公司可以根据情况，先给你 5%，表现好再给你 6%、8%、10%，逐渐提升。

方案二：老店长或分公司总经理调走以后，保留 10% 的 30%，就是 3%。新店长在上任的时候拿 7%，一年后，实习合格转为正式店长之后拿 10%。等于公司在这种情况下，给了 13% 的股份。但到第三任总经理来了之后，第一任总经理的股权必须转让。

❷ 连锁超市的薪酬管理模式

连锁超市不能用股份分红，最好的办法是超产奖分红。门店部分也可以由营业额来分红。

超市企业类型的第一个特征是重投资，也就是说，做超市连锁企业的投资就不是十几万元了，肯定需要几百万元，甚至上千万元。所以一般不会有股权激励，但会有分红。第二个特征是商业模式比较清晰，店长更多是一个政策执行角色。超市的管理者基本原则是“超产奖制”。像超市、服装商场、五金商场都属于这个类型。

超产奖分红具体分为以下几步：

第一步，先把门店分为A级店、B级店、C级店。

比如做药店的，如果药店开在小区门口，收益就相对比较好，往外挪100米，就影响巨大。所以公司第一步一定要给店分级别，根据几个重要指标来分级别。店面评估指标如下：

- 消费群距离。
- 经营面积。
- 区域的消费群体消费能力。
- 开店的时间累计。

不同的店的收益不一样，至少要分3个级别进行评估。依据级别出台一个政策。

第二步，规定A级店的月利润在80万元以上，B级店为50万元，C级店为30万元。店的大小不一样，同样是店长可能挣的钱也不一样多，所以要有超产奖。

第三步，每月利润减去利润目标，获得分红利润，然后按分红利润进行利益分配。亏损时不减，亏损不累计至下一个季度。

“亏损不累计至下一季度”，意思是说如果这个月亏了10万元，下个月又赚了10万元，你告诉店长说正好扯平，还是没赚钱，所以就不分红了。这样的做法肯定是不行的。一定不能把上个季度的亏损放到下个季度，一定要按考核周期严格执行。如果是按季度分红，上半年亏200万元就亏了，下半年赚了50万元，也还是要分红的，这个责任公司必须承担。

分摊费用是依实际发生的费用来平摊，因为门店有大小，分的比例就需要有系数。比如这个月花了 1 万元，每个门店可能会有不同的分配系数，比如 A 店系数为 1，B 店系数为 0.7，C 店系数为 0.4。另外，新事业部和老事业部也要有不同的系数。

六、采购经理的工资结构

采购经理的工资结构如下：

固定工资 + 绩效工资 + 岗位提成 + 超采分红

采购经理的种类有很多，有产品采购经理、原料采购经理、代理产品货物采购经理、办公室文具采购经理等。比如，我们将生产原料的采购经理固定工资定位 2800 元，绩效工资分为 5 个等级：4200 元、3800 元、3400 元、3000 元、2800 元。晋级的标准为每 6 个月绩效考核得分平均超过 90 分，且采购次品批次在 6 次以下，管理满意度超过 85%。

岗位提成计算方式为零次品批次、零违约及时性批次下，享有所生产产品事业部利润分红 0.5%，即公司经营越好，采购经理收入越高，公司经营不好的时候，采购经理就拿固定工资和绩效工资，没有岗位提成。公司经营达到冲刺目标以上的时候，采购经理享有公司利润分红的 0.5%；公司经营未达到冲刺目标的 80% 时，采购经理不享有利润分红；公司经营处于冲刺目标的 80% 到冲刺目标之间时，采购经理享有 0.4% 的利润分红。

关于采购经理的管理满意度评价，即所有用他采购东西的人每个月都给他做评价，100 个人中有 15 个人不满意，他就不能从 3000 元涨到 3400 元。最简单的办法是早上生产部开大会的时候，让采购经理往边上一站，大家开始举手投票，满意度达到 85%，同时绩效工资连续 6 个月平均得分都超过 90 分，才可以涨工资。

采购人员的绩效考核方案需要先与两项指标挂钩： 绩效工资、40% 的岗位提成。考核得分务必换算成绩效奖金系数，并且可以把绩效考核指标做成一个表（如表 18）。

表 18 采购人员绩效考核指标

指标	权重	定义	计算公式	得分
采购交付及时性	40%	库存率不超过 25%，且生产原材料从不断货；从订单公告到采购入库，符合产品采购单，不超过 48 小时	超过 48 小时 0 次，40 分；1 次，30 分；2 次，20 分；3 次，10 分；3 次以上，0 分；6 次以上，取消岗位资格	
供应商资料库建设	20%	每月上交原材料供应商 5 家详细资料库，并书写报告，要求健全、按公司标准（一般上交财务）	上交并按标准填写、真实准确，20 分；上交，但准确性有缺失，15 分；上交，但数据不够，10 分；未上交 5 分；未做，0 分	
行情报告	10%	调查价格浮动周期的各区域市场价格行情，如鸡蛋一周一调查、贝壳粉一月 3 次、服装面料 15 天调查一次	每月写出行情报告，并提出采购价格标底浮动政策建议，10 分；只做一项，5 分；均未做，0 分	
采购人员培养	20%	每季度举办 2 次采购训练营，参加人员为采购人员、后勤人员、行政人员，并保证 2 名以上通关	举办并通关，20 分；完成一项 10 分；均未完成，0 分	
采购材料培养	10%	向所有使用原材料人员进行原材料性能培训，并搜集签字书	完成，10 分；未完成，0 分	

采购交付及时性权重 30%，供应商资料库建设权重 20%，行情报告权重 10%，采购人员培养权重 20%，采购材料培训权重 10%。

采购交付及时性，有两种考核办法：

第一，库存率不超过 25%，并且生产原材料从不断货。不管你什么时候采购，但我要用东西的时候必须有，权力都交给采购了。采购原材料的事交给采购部经理做决定。缺一次记一次，一年如果缺了 6 次，采购部经理的提成奖就没有了。

第二，订单式。从订单、公告到采购入库，符合产品采购单不超过 48 小时。超过 48 小时 0 次，得 40 分；超过 48 小时 1 次，得 30 分；超过 48 小时 2 次，得 20 分；超过 48 小时 3 次，得 10 分；超过 48 小时 3 次以上，得 0 分；超过 48 小时 6 次以上，取消岗位资格。

生产过程中，由于一些特定情况，插单的问题就需要及时解决，解决时可以参考以下三点：

- 时间紧迫性。
- 同等紧迫者，按合同订金。
- 同等订金，按利润大小。

如果生产能力有限，只能这样解决。

七、工程类公司的工资流程

工程类公司和其他类公司的工资流程有区别，它有几个特征：

- 周期较长。
- 不能立刻核算。
- 一般尾款周期较长。

- 有终止合同的可能。
- 不是单个岗位完成的，而是由一个团队完成的。
- 服务与质保可能会更长时间。

这里可能会遇到一个月核算一次工资，但合同当时还没签，可能还在招标，所以工程类的工资与其他类型公司的工资有很大区别。

工程类工资流程一般是这样的：

第一，量化流程。按照这个流程，只要遇到一个工程团队，就可以严格执行。

- 为流程设定实现的岗位。
- 对岗位进行价值评估。
- 测算工程的提成与分配比例。
- 测算工程的周期与利润核算。
- 规定薪酬的发放办法。
- 设定绩效考核的办法。

第二，看看这个流程。

第三，看看谁来做。

第四，确定这个岗位的价值。

第五， 怎样给提成。

- 利润怎样核算。
- 什么时候发提成。
- 干得好不好。

千万不要随便说“利润 30% 给你了，你去干吧”这样的话，如果过段时间他问你什么时候发这 30% 的利润提成，到时候你怎么算？怎么发？就会出现很多问题。

一个周期量化流程的核心要点是：

第一，把工程的营销、施工、质保全部流程化。

量化流程，了解过程如何做。比如招标性的量化流程，就是策划产品方案，提炼销售价格，策划销售方案，收集客户资料，筛选有效客户，分析客户的组织机构，理出个性化方案，写标书，招标并中标，签合同并回款，交付产品，接受培训，制造及产业化。

这是一家建筑公司的流程，也有可能另外一家公司的方案就不是这样的了，所以把自己公司的流程量化一下很重要。

第二，设定岗位的要点是一般一个岗位最多有 6 ～ 7 个岗位执行者，允许兼职。

了解这些岗位都需要谁来做，经过鉴别发现需要留下的岗位：信息员、技术策划、社会公关员、成交招标手、售后支持人员、服务人员。

比如你是做医疗器械的，最关注的是搞销售的人，因为写方案、策划、打电话、收集资料、做服务的人一般都是拿固定工资。只有一个人拿到高奖金，这个团队就不是团队，是团伙。收集资料的、做策划的、做招标的、做服务的人都应该有自己的价值，应该拿出一部分利润分给他们，让他们变成一个团队。但是由于很多公司只在乎做销售的人，很多做销售的人自己也比较牛，认为离开他以后公司就活不了了。其实骨干们的成功背后有很多默默工作的人。

信息员负责收集客户，技术策划员主要是写标书和方案，公关员策划公关营销活动，招标手主要负责招标成交，售后支持人员主要负责产品售后服务，服务人员为所有客户服务，卖东西的销售人员只是其中一分子。

第三，岗位价值评估的办法是依据“点因素”法。“点因素”是目前先进国家较为普遍采用的一种考绩方法。“点因素”中，“因素”为考核的内容，“点”为各项内容的计算分数，是从对每个员工的工作岗位情况（工作评定）和表现情况（表现评定）两个方面来进行考核的。工资和提升比例先按核算利润计算，最终按实际利润计算。考核周期按合同规定的工程周期。薪酬发放办法是先发核算提成，再发实际提成。绩效考核是按 KPI（关键业绩指标）考核制进行的。

工资如何发？有一个重要的词“价值评估”，这时会有相对测评数据。

如果一家公司的董事长得分为 1046，总经理的相对数据大约是 960，营销总监的相对数据是在 910 ～ 830 之间，生产总监的相对数据是在 830 ～ 760 之间，财务总监的相对数据是 670，采购经理的相对数据是 610，行政经理的相对数据是 570，车间主任的相对数据是 470，业务员的相对数据是 470 ～ 340，出纳的相对数据是 280，会计的相对数据是 320，保安的相对数据是 108，清洁工的相对数据是 100……数据的误差很小。因为行业不同，价格也不同，能力强弱不同，所以会有一定误差。发工资的时候，给保安发 1000 元，那么董事长的工资是 1 万元。如果董事长工资只发 5000 元，有两种可能，第一是董事长的福利好，第二是董事长的奖金分红比较高。

什么叫岗位价值评估？就是给你的收益价值有多重要，比如你是 1，我是 2，我就是你重要价值的两倍。如果你是 75，我是 199，我和你的收益就是 199 ∶ 75，公司如果没有这个评估，薪酬就是不科学的。

会薪酬管理的人，会掌握岗位价值。如果想给一个人发奖金，要先算一个总数，看他所占的比例应该是多少。一般不可替代、难培养的岗位按总监级打分，可替代、易替代的岗位按员工级打分，中间的按经理级打分。

比如，成交手看似是一个员工，但是级别相当于总监级。这类员工如何升职？服务者升到信息员，信息员升到策划员，策划员升到公关员，公关员升到成交手。

升职，关键的能力有以下几点：

- 环节胜任（差售率不超过 3 次）。
- 学习通关（申请升职时必须要有通关证）。
- 申请升职时必须要有合格人才替代本职务。
- 竞争的突出业绩，业绩最好的人优先升职。

一个人卖东西的时代已经过去了，现在卖东西要有一个团队共同策划。大概有 30 多家企业选择与我们公司合作，我们一般 10 分钟就能销售一两千万元的销售额。如何才能达到这样的程度？其实就是因为我们有一个团队来做支撑合作，并不是靠一个人单打独斗。

薪酬分配合理，能够有效提高所有员工的积极性，能够提高整个公司的业绩。对于企业操盘手来说，用心做好薪酬设计也是工作的重中之重。可能我所列举的企业类型、薪酬计算方式并不全面，在具体实践中，需要企业操盘手们具体问题具体分析。

作业：

❶ 根据讲授的内容做出重要岗位的提成指标，例如总经理的提成就是销售额加子公司利润分红。

❷ 做出销售公司各岗位的提成草案。

06

第六章 PK机制：成长的不是一个人，而是N个团队

一、全面营造良好的PK环境

企业文化是员工的内在信仰、核心观念，是内在的驱动力。薪酬、绩效通过机制的方式驱动员工的行为，而文化和信仰才是员工的永动力，才能让员工对企业产生发自内心的热爱和追随。

❶ 企业文化的三种类型

企业文化基本可以分为三种：马文化、狼文化、鹰文化（见表19）。

马文化——以门店销售为代表，属于服务文化，主要特征是优雅、服务、细致、持续，如门店、超市、网购、美容等属于马文化。

狼文化——以直销为代表，属于团队文化，主要特征是流程执行、团队协作、主动性、本地营销。把产品直接卖给客户的一般都是狼文化公司。

鹰文化——以渠道销售为代表，属于英雄文化，主要特征是独立、谈判、权威，比如工程类行业、大客户营销等。

马、狼、鹰三种文化分别适合不同的企业和人员气质，比如海底捞属于马文化，华为属于狼文化，长松咨询集团属于鹰文化。

表 19 企业文化的基本类型

企业文化类型	适用销售方式	特性	核心名词
马文化	门店销售	优雅、服务、细致	暗示
狼文化	主动营销	团队、简单、主动、执行	要求
鹰文化	渠道销售	权威、谈判、独立	权威

塑造企业 PK 文化这个环节很重要。如果公司的业绩有 40% 的增长是因为企业的营销做得好，那么营销带动业绩增长的主要原因是什么？是企业内部有狼性营销团队和充满竞争机制的 PK 文化。那么，如何 PK 才合理？在 PK 过程中遇到的困难和弯路该如何规避？

❷ 明确 PK 的作用

- 人是需要激励的，人是需要竞争的，PK 是一种有效的竞争方式。
- 人都有比较心理，PK 可以让人的状态达到巅峰。
- PK 是为了让所有员工的能力得到提升。
- PK 可以激发员工的潜能，让小肉鸡变成金凤凰。
- 不想当将军的士兵不是好士兵，不敢 PK 的员工不是好员工。
- 勇于 PK 是作为企业操盘手必备的素质。
- PK，让员工莫名其妙地乐观，无可救药地兴奋。
- PK 是产生业绩的最好方法，有 PK，企业就有发展的动力。
- 长松咨询集团 40% 的业绩都是 PK 出来的。
- 通过 PK，长松咨询集团在 2011 年业绩实现了 11 倍的增长。
- 长松咨询集团很多学员的企业引入了 PK 文化，最多的业绩翻了 12 倍。

• PK对于企业业绩有着至关重要的作用。PK体现了竞争精神与亮剑精神。作为企业操盘手，一定要敢于PK，勇于PK。冠军，永远不惮于PK！

❸ 形成PK文化

形成良好的PK文化，对于企业的发展有着至关重要的作用。

第一，为企业注入活力。良好的PK文化能有效地打破公司“一潭死水”的局面，在员工之间形成不满足现状和不甘平庸的态势，产生“鲶鱼效应”，提升公司业绩。

第二，增添员工动力。奋发向上的PK文化能有效地调动员工的工作积极性，唤起员工的工作激情。PK的胜利者，必然会成为其他员工学习的榜样和追赶的目标。对PK胜利者的褒奖不仅会使其热血沸腾，也会使失败者寝食难安，奋起直追。

第三，挖掘员工潜力。良好的PK文化能够使员工的精神始终处于最佳状态，使其有如履薄冰之感，能在拼搏和压力中激活自身潜能，点燃智慧之火。

第四，集聚员工智力。鼓励下级员工参与竞争是鉴定和识别人才、检验员工综合素质优劣和能力高低的有效方式，能为工作准确地进行人力和智力的最佳配置提供依据。

第五，增加企业合力。良性的竞争能有效地培养企业的团队精神，强化情感交流和思想沟通的力度，从而达到相互学习、增进友谊、增强合力的效果。

我们通过营造PK氛围、标语激励、早间会议、PK启动大会、定期公布PK排名和业绩、心理激励、向PK优胜者学习、进行动作分解、榜样复制，建立标准流程。

“士可杀，不可辱”，这句话贯彻到公司文化里面也是符合标准的。首先，PK 不光是钱的问题，其目的是要引导员工关注荣誉。PK 就是一种精神，要求员工敢于挑战。如果员工整天浑浑噩噩，就会把自己美好人生给糟蹋了。

在中国做企业没有什么密码，当你在技术条件基本可以的情况下，没有比别人更具优势的时候，战胜别人的唯一办法就是比别人勤奋。整个团队比别人勤奋，更能增强企业的生命力。通过 PK，通过文化的熏陶，让员工变得有竞争意识。

二、科学构建 PK 系统

❶ PK 的关键要素

PK 的第一要素：氛围

第一个阶段，PK 主导人是董事长，因为没有人有权力去调动他。

第二个阶段，PK 一般为单一指标，便于考核。

第三个阶段，PK 从业绩完成单位向综合完成单位过渡。PK 可以先从营销部门开始，最后到服务部门、生产部门等。PK 不是一个部门的事，整个企业要全方位参与到 PK 中来。

第四个阶段，同级人进行 PK，比如子公司老总 PK 子公司老总，业务员 PK 业务员。

第五个阶段，可以进行公众 PK，也可以进行多对一的 PK。

第六个阶段，财务中心有权要求提供财务证据，也就是说，企业的具体业绩进账，要有财务证明。PK 的统计部门为财务中心，如果有造假数据或隐瞒数据的现象，均取消涉及的单位或个人的周期提成，有分红的取消分红，有提成的取消提成。比如，有的团体或个人，感觉这个月 PK 不过别人了，这个月的业绩等下个月再报上来，造成一个月内没有业绩或者业绩很少，这样会影响公司的正常运营。所以遇到这种情况，如果被财务总监发现就取消他们下个月的参与资格。

PK 的第二个要素：规则

一个月的时间太短，没有成效，最好是两个月为一个 PK 周期。规定 PK 金额的上下限，如下限 2000 元，上限 20000 元。在 PK 的规则中，有两个指标。

第一是单一指标，如销售额、合同额、生产量、客户数、工程数等。比如营销人员的 PK、子公司总经理的 PK 都可以用销售额作为指标。

第二是综合竞争力，如子公司总经理的综合竞争力核算形式可以采用积分制。比如第一个指标是销售额减去 20 万元，业绩每多出 1 万元积 1 分，如果销售额为 19 万元那就是 0 分；第二个指标可以是前端产品的销售数，销售一个为 1 分，还有台数、量数、吨数等计量单位；第三个指标为达到业绩 20 万元 / 月，每月积 10 分；第四个指标为资金周转情况，每多周转 1 万元积 2 分。

以上四个指标总积分的排名情况为 PK 的结果，这就是综合竞争力排名。到底 PK 什么指标，是根据公司需要来决定的。一般来说，可以由 PK 与被 PK 的人提出标准。

PK 的规则 1：业绩低的 PK 业绩高的为正 PK，业绩高的必须接受 PK，没有放弃的权利。业绩高的 PK 业绩低的为反 PK，最低可以加 1

倍的赔付，最高可以加4倍的赔付。业绩高的人PK任何人都可以加分。

PK的规则2：买码的人只能是买业绩低的。

PK的规则3：每个PK者至少PK两人以上。

上下级的业绩PK需要有单独的政策。假如我是你们的上级，我跟大家承诺："谁能4个月内完成业绩2000万元，奖励保时捷一辆。4个月内完成2000万元业绩的70%，保时捷就是你的，公司帮你付70%的款项，你自己付30%；完成业绩2000万元的50%，公司帮你付50%，你自己付50%；如果到年底完成率低于50%，你就要赔我15万元。4个月内完成业绩1500万元的，奖励奔驰一辆，马上就可以把车开走；完成1500万元的70%，公司付70%的车款，另外30%由你来付。依次类推。"那么，下一步我还用干活吗？

"公司还另外规定，一年内获得8个培训冠军的，可以担任公司的副总裁。公司选副总裁从来不选人，只看业绩数字。也就是说，如果一年有8次冠军被你拿走了，你就是下一届的公司副总裁。这也是在告诉大家，有一天我提拔某人当副总裁了，你们不要有什么意见，人家是自己干出来的，有本事你们也拿冠军。"

为了激起大家PK的热情，我们一般把PK的筹码比例调整为1∶8，也就是说完成冲刺目标，公司给你100万元，完不成你给公司12万元。当然，很多公司元老也都为公司的发展立下了汗马功劳，刚开始创业的时候真的是一分钱一分钱地挣，一个门一个门地敲。

不过，企业里不想PK的人也有，PK不好有可能输1～2万元。如果员工的士气没有调动到最佳状态，利益的分配没有谈清楚，员工心里面的小疙瘩没有解开，就不要让他们去PK。就像打仗一样，内部还在为争银子吵架，还打什么仗，怎么可能会赢？这些人中，只要有一个人的问题没有解决，就不要让他们PK，因为就算这样做了也是没有效果的。要想有结果，他们的情绪一定要调动到最佳状态。比如向你的团队宣誓：我是一个管理者，担当责任，为员工舍利益，培养你们，帮助你们开发客户。这样员工的感受就不一样了，员工的成就感就来了。

只要你把员工看成兄弟，让他们有荣耀感、有成就感，激发他们的信仰，告诉他们挣钱就像“偷菜”一样容易，这种状态就起来了。

有的学员说他们单位现在正在PK，但是觉得PK就像打麻将、赌博，感觉把团队的氛围都搞坏了，这种情况怎么办？如果遇到这样的情况，就可以对综合竞争力进行PK和销售PK。

PK的及格率大概是30%，就是取中间位置的平均差，不能PK得太大了。销售PK的话，公司只给前几名奖励，比如工资起步价从2000元开始，底线有两个：一个是你要PK多少家，一个是你认多少业绩。

有些公司很早就有PK机制，但是做得不是很理想。比如有的人根本就不愿意参加PK。他们不愿意参加PK的影响因素主要有以下几个方面：第一是董事长的调动能力；第二是PK的指标；第三是PK的过渡；第四是PK游戏规则的制定；第五是公众PK的力度，第六是统计部门的要求，第七是标准的制定。

通过 PK可以考察出岗位胜任力。有些店长不愿意PK，本身就是很多店长自己能力不足造成的。员工的晋升要以PK结果为重要参考指标。比如当了区域经理，一年6次PK都没有参加，想当销售总监是不可能的。

❷ PK的具体方法和步骤

对于企业来说，工作流程的制定和管理至关重要。实施流程管理是希望提高顾客满意度和企业的市场竞争能力，并达到提高企业绩效的目的。同样，PK 也要有合理的流程，要有步骤、有计划地进行，才能保证 PK 的效果。

PK 步骤包括：确定 PK 对象、选择 PK 方式、营造 PK 氛围、制定 PK 规则、公布 PK 信息、进行 PK 培训、建立 PK 档案等。

第一步，确定 PK 对象

PK 对象即 PK 的双方，可以是员工与员工之间，也可以是团队与团队、区域与区域、分子公司与分子公司之间，还可以用个人当月的业绩 PK 上月的业绩。

PK 对象的选择一定要是同类人员或团队，如销售人员 PK 销售人员，生产人员 PK 生产人员等，不能销售人员 PK 行政人员。

PK 对象一般为上山型岗位人员，如销售人员、生产人员等。对于平路型、职能类岗位人员，如文员、人事专员、后勤辅助员工等不建议 PK。

第二步，选择 PK 方式

PK 方式的选择对企业至关重要，决定了企业 PK 的方向。PK 方式分为绝对 PK 和相对 PK 两种，要根据企业具体情况选择恰当的 PK 方式。

第三步，营造 PK 氛围

PK 氛围的营造是为公司进行 PK 造势。公司巧妙地营造员工间你追我赶、奋勇争先的氛围，激发他们在健康的角逐和良性的竞争中进行激情和智慧的碰撞，展示才华和释放潜力，对员工的成长、公司业绩的提升、PK 文化的形成有重要的作用。

营造 PK 氛围主要从标语、口号激励、PK 启动会议、视觉化内容设计几个方面进行。

制作横幅、标语，挂在公司明显的位置。如“你追我赶争冠军，欢天喜地创佳绩”“春风吹、战鼓擂，我是冠军我怕谁”“心有理想，春暖花开”“昨日之我已死，今日之我重生”“长江后浪推前浪，前浪死在沙滩上”等。

召开 PK 启动大会，在会议上宣布 PK 规则，明确 PK 奖惩，鼓舞 PK 员工士气。

视觉化内容设计。将 PK 冠军、榜样的照片，以及事迹等制作成 PPT、视频等在公司进行宣导。

第四步，制定 PK 规则

无规矩不成方圆，PK 同样需要规则。PK 规则是指企业规定的供 PK 员工共同遵守的制度或章程。PK 规则必须是由书面形式规定的成文条例。PK 规则是企业进行 PK 的基础，能够保障 PK 合理有序进行。一套完善的 PK 规则必须包含如下内容：

（1）PK 对象和方式。这在上文已经具体阐述过。

（2）PK 周期。

• PK 周期指从 PK 开始到进行业绩结算的时间。

• PK 周期一般为 1 个月，不超过 3 个月，即至少每 3 个月进行一次 PK。

建议每两个月进行一次。这样既不会减弱 PK 激情，也不会由于 PK 过于频繁而导致丧失新鲜感，达不到理想的效果。

• 对于销售周期较长的企业，如工程、大型机械设备等企业，PK 周期可以为半年或年度。

（3）PK 指标。

• PK 指标指衡量 PK 目标的单位。

• PK 一定要用单一指标，简单易懂，便于考量。一般为对企业业绩起到作用的关键指标，如销售额、毛利润、增长率、客户数、合同额、回款额等。

（4）PK 条件。

• 所有的 PK 必须基于相同的规则。

• 不因为个体差异、能力差异而改变 PK 条件。

（5）PK 合约。

制定好 PK 规则之后，企业还需要员工签订 PK 合约书，作为 PK 的依据。

（6）PK 奖惩。

• 对 PK 的获胜方，要有奖励；失败方要有惩罚。

• 奖励与惩罚必须事先说明，不能含糊其辞，不能马后炮。

• 奖惩方式多种多样，如获胜方可以多拿一定比例的提成，得到一定数额的奖金，得到福利、假期，获得 LV 包、iPhone、笔记本电脑等；而失败方会少拿一定比例的提成，付出一定的现金，长跑，做俯卧撑，向胜方鞠躬等。

第五步，公布 PK 信息

PK 的信息公布者为财务部、客服部或相关部门，公布周期一般为天。每天给 PK 的人员发送短信公布业绩信息，公布 PK 业绩排名。短信影响在 PK 中起到至关重要的作用，可以有效激励士气，把员工潜力全部激发出来。下面是一些经典的 PK 短信，供参考。

南宁10分钟前收××产品全款一个，业绩已赶超成都；郑州客户在去公司刷卡路上，业绩将赶超网络事业部；各分子公司灯火通明，长松时间，PK1小时10分。

杭州又收××产品全款一个，另有单跟进中；南宁新××产品马上谈成。这就是长松人的精神！长松时间，PK30分。

从昨天到今天，我的手机几乎没有停止过。太多的伙伴为了PK业绩的冲刺，为了冠军，在做最后的努力！我一定会全力以赴支持大家PK！无论是晚上10点，还是凌晨2点！为了PK的胜利，我们的步伐从未停止！

第六步，进行 PK 培训

通过 PK，进行关键人才培养。PK 结束后，要将 PK 的过程转化为成果。要进行 PK 培训，号召全公司员工向 PK 优胜者学习，进行榜样复制、动作分解和标准化管理，将 PK 效果在公司内推广，最终形成公司的 PK 文化。

第七步，建立 PK 档案

记录每次 PK 情况，建立与绩效考核挂钩的 PK 积分制，为 PK 人员调薪、晋升提供依据。

❸ PK 通知和 PK 书范例

关于开展第二季度 PK 的通知

各分公司、代理商、网络事业部：

现就第二季度PK的各项开展事项，通知如下：

一、PK 周期

20XX年4月1日—20XX年6月30日

二、PK 参加资格

运作3个月以上分公司或代理商，均可参与此次PK。本月新成立分公司暂不参与。

三、PK 规则

1. PK对象：每家机构至少选择两家以上对象进行PK，即至少参与两场PK。

2. PK 指标：

总业绩或单项产品业绩均可。

若PK总业绩，则可不PK单项产品业绩；若PK单项产品业绩，则至少需PK两个单项产品。

3. PK 金额：

每场PK，总业绩PK金额最低为5000元，单项产品PK金额最低为1000元，每场PK金额最高为10000元。

4. PK 方式：

由上一季度业绩低者向业绩高者发起PK挑战，业绩高者必须接受挑战。

5. 反 PK规则：

上一季度业绩高者，亦可以向上一季度业绩低者发起PK，称为反PK。业绩低者可以拒绝接受该项PK，且业绩高者若输给业绩低者，PK金额至少须翻倍处理。如A（业绩高者）向B（业绩低者）提出反PK，PK金额为5000元，B若输给A输5000元，A若输给B则输10000元。

6. PK加码：

允许非PK双方人员以个人身份进行加码，加码分为正PK加码与反PK加码。每场PK每人仅限加码1次，加码金额至少1000元。

正PK加码即买上一季度业绩低者赢，赢或输按正常PK加码金额处理。

反PK加码即买上一季度业绩高者赢，反PK加码必须翻倍处理。如加码1000元，上一季度业绩高者赢则赢1000元，输则输2000元。

每场PK所有人员总加码金额，加上双方PK金额，不能高于10000元。

四、PK指标

1. PK周期截至20XX年6月30日，所有业绩统计以实到账金额为准。

2. 分子公司所发展代理商，其业绩统计以汇到公司总部账号现金额为准。

3. 出现PK业绩做假账者，直接扣50万元业绩，并扣除该分公司或事业部负责人两个月分红。

五、PK兑现

PK金额于第三季度启动大会兑现，由输方准备好现金，在启动大会专门环节鞠躬向胜方递送。

六、PK信息统计及公布

各销售机构（分公司、代理商、网络销售事业部）每天17点前（PK最后一天信息统计24点截止）将当天销售数据报送到总部财务，由总部财务予以公布。

七、PK承诺

所有参与PK的机构均须承诺，将遵守PK规则，接受公众监督，相信PK的公平、公正、公开，并按照输赢结果兑现PK承诺。

特此通知。

×××有限责任公司

××年××月××日

报送：总裁办公室

抄送：财务中心

20XX 年 7—8 月品牌分公司 PK 书

一、PK对象：××店面PK××店面

二、PK金额：500元

三、加码情况：

××买××店面赢200元；

××买××店面赢300元。

PK参与人签名：________________

PK加码人签名：________________

见证人签名：________________

四、工作计划

1.时间：20XX年7月5日20—23点

2.提前准备（××负责）

（1）要求尽量全体参加，各店员工要保证参加，组织提前闭店，并向相关卖场申请；最终落实人员准时到达。温馨提示所有参与人员要和家人做好沟通，取得谅解。

（2）预先通知PK人员准备好钱，现场兑现。

（3）增长率最高和销售额最高的店的店长做成功分享，要求店长必须准备5～10分钟的培训。讲解成为冠军的秘密：榜样复制、动作分解、标准化流程建立等。

（4）提前渲染：这是一场盛会，是能够给大家带来能量和快乐的分享会，“今天的你就是未来的成功者”。为降低店员的抵触情绪，给路途遥远的员工提前制定报销费的范畴名单，并通知和落实。

3.会场布置（××负责）

（1）地点。

（2）每一个店面做一面红旗，上面印上店面的名称。

（3）给增长率最高店的店长，销售额最高店的店长做好奖状；必须盖上公章。

（4）做一个大的喷绘，大标题：××品牌精英会（挑战极限高度，PK自我价值）。

（5）5日现场布置（会场暂定4楼共享空间）：白板、白板笔、音响、两束鲜花、座位。

（6）喷绘两个店长的大照片，采用X展架，不马上拿出，主持人宣布后放到主席台。

4.会议现场（××负责）

（1）CEO主持，战略办公室及人力资源部辅助。

（2）文化中心照相和录像。

（3）文化中心负责组织采访，下期《××内刊》专题大幅报道销售精英，要有大照片。

（4）邀请集团核心团队尽量参加助阵，人力资源部必须全部参加。

5.现场

（1）××讲话，鼓舞士气，现场公布管理区域划分，并公布区长的选拔条件。

（2）××将业绩报告和业绩排名做好，店面、个人各种排名和业绩做好。

6.后期

××负责落实将所有品牌员工+公司核心团队成员录入短信平台，从会后第二天开始每日在短信平台和SKYPE上公布PK情况。

作业：

❶ 在你的企业是否有PK机制？如何科学构建PK系统，有效地调动员工的工作积极性，唤起员工的工作激情？

❷ 根据企业或部门的具体情况，制作一份PK书。